E S S　R E C A S T I N G

事業。

復活のシナリオ

加藤 友康

元就出版社

長崎温泉 きれいな海と四季旬味 やすらぎ伊王島

壺風呂

東京第一ホテル 福岡

牛滝温泉 いよやかの郷

心と身体の癒しの森 るり渓温泉

つるとんたん

麺匠の心つくし つるとんたん
おいしいおうどん
6232
-0333

麺匠の心つくし つるとんたん

麺匠の心つくし
つるとんたん

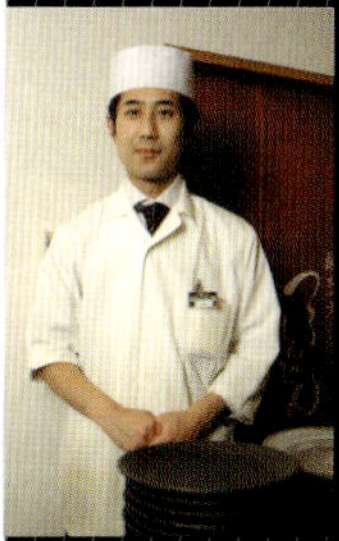

KPG STAFF

加藤友康　1965年、大阪生まれ。ホテル、フードサービス、スパリゾート等あらゆるレジャー事業の総合的な開発を行うプロデュース企業カトープレジャーグループ グループ12社の代表取締役。就任以来、10数年間で社業を年商規模40倍、120億円企業へと成長させた。その勢いは不況下においてもとどまる事を知らず、現在、日本全国に50を越える事業所、総スタッフ数約2,000名、年間400万人に及ぶ顧客を動員している。

TOMOYASU KATO

事業。復活のシナリオ　目次

まえがき

「サービスという言葉ほど、ビジネスの世界で重要性が変わったものはない。〝おまけ〟や〝つけ足し〟、あるいは〝企業側の好意〟といった裏方的存在から、収益の源泉、ビジネスの改善の根幹、果ては経営理念の神髄へと、一躍主人公に抜擢されたからである」。昨年刊行された『サービスマネジメント』(カール・アルブレヒト、ロン・ゼンケ著/ダイヤモンド社刊)という本の冒頭は、こういう書き出しから始まる。

以前から私は、「あらゆる産業はサービス産業である」と広言してきたが、この一節には〝我が意を得たり〟という感がある。

実際に現在の日本経済をリードしているのは、流通や外食、各種レジャー産業など、ほとんどが第三次、四次のサービス産業だと言えるだろう。また、その他の産業にしても、顧客サービスの視点に立ったリストラクチャリング(=事業再編成)を行うことによって、初めて新しい経営のパラダイムが見えてくる時代になった。

バブル崩壊以降の長期不況は、日本の産業界にそのことを嫌と言うほど教えたし、あらためて顧客サービスとは何かを真剣に考えることが、経営のパラダイムを転換する不可欠の要素になっている。「しかし、優れたサービスに対するニーズが高まっているにもかかわらず、それに応えるべく誕生した企業はどれほどあるだろうか。顧客の切実な声に継続的に対応できる体制を整えた企業は、どれだけあるだろうか」（同書、訳者「まえがき」より）。

遺憾ながら、この指摘にも私はまったく同感である。

たとえば今、全国のほとんどの遊園地は経営的に壊滅状態で、ごく少数の「勝ち組」と大多数の「負け組」に二分されている。「勝ち組」の代表格である東京ディズニーランドや富士急ハイランド、長島スパーランドなどでは、適正規模の新規投資を行える体制が整い、「話題性」に事欠かない事業戦略がきちんと組まれている。これらの施設と他の施設の「格差」はきわめて大きく、「負け組」はお金をかけたイベントで集客に成功しても長続きせず、中・長期的な客離れを克服することができない。

私は、機会があれば遊園地の再生にも取り組んでみたいと思っているが、ディズニーランドやＮｅｗレオマワールドでは、オーナーだけが投資のリスクを負うのではなく、特定のアトラクションに対してスポンサーと〝冠契約〟を行うなど、新たな投資のスタイルを開拓している。

たとえば、某生命保険会社がディズニーランドのビッグサンダーマウンテンのスポンサーになっているように、これからのサービス産業は、第三者の企業を巻き込む形で資金調達を行うことをもっと追求してもいいのではないだろうか。

遊園地と言えば、二〇〇一年に大阪市などが出資して「ユニバーサルスタジオジャパン」（ＵＳＪ）がオープンし、累計で一〇〇〇万人の入場者数を記録したという。それ自体はすばらしいことだが、今後も中長期的にお客様を呼べるかといえば、それは無理だと思う。私は、ＵＳＪとディズニーランドの決定的な違いは、そのオペレーション能力と、新たな魅力を付加する総合的な開発力にあると感じている。

ＵＳＪでは「スパイダーマン」を完成させたが、こうした施設の規模と企画力でもディズニーランドの方が明らかに上で、セットの造り込みのレベルがまるで違う。ディズニーランドのスーパーバイジングはまことに素晴らしく、背景の色彩一つにも細かいチェックが入り、全体のコントロールがきちんとできている。

毎日のショーのオペレーションにしても、お客様にミッキーマウスを簡単に見せないようにするため、専用の地下道がバックヤードに設けられている。これまでにディズニー・プロダクションが蓄積してきたノウハウがそこに生かされているが、ＵＳＪにはそれが感じられない。そのうえ飲料水の汚染や花火の事故など、基本的なインフラに関わるミスが続発するのはなぜだろうか――。

ところで、私にとって五冊目の著作である本書のテーマは、これまでに手がけてきた「事業再生」プロジェクトを振り返り、今後に活かすべき教訓やノウハウを整理しておくことである。

とりわけ後述する長崎県の「やすらぎ伊王島」や岸和田市の「いよやかの郷」、京都府の「るり渓高原」プロジェクトにおいて、公共事業に取り組ませていただいたことは、私にとって大きなエポックとなった。

幸いにも、これらのプロジェクトでは理解ある行政の方々と提携することができ、「官設民営方式」のメリットを最大限に生かした事業開発を行い、その後のオペレーションも順調にこなしている。しかしながら、日本の公共施設の大部分は、官庁の縦割り行政と官僚たちの〝事なかれ主義〟に蝕まれ、経営的にはほとんど破綻しているのが実状だ。細かい話は本文（CHAPTER Ⅰ、Ⅲ）に譲るが、最近流行の「官設民営方式」にしても、単に民間に事業の運営を委託して事足れりとするのではなく、本当に事業再生が必要だと判断したら、思いきって資金を投入すべきである。そして、周辺のインフラ整備などを行い、ともに地域の振興を図る立場で民間と心を一つにして提携すれば、さらに多くの有益な事業を再生することができるだろう。

ただし、一つだけ注意しなければならないのは、公共事業が周辺の民業を圧迫するケースである。大阪市が鳴り物入りで出資し、日本全国はおろかアジアにも新しいマーケットを広げると宣言したＵＳＪは、巨大施設に大量の集客を行わなければならず、さまざまなイベントを企画しているが、思うように客足が伸びていない。

そして、ＵＳＪがオープンして以来、関西のその他の遊園地は閉園や、軒並み赤字経営となり、お客様を呼び戻すのに四苦八苦する状況に追い込まれている。

これは一種の市場破壊であり、地域の自立的な発展を行政自ら阻害していると言われても仕方がないだろう。そもそも公共事業に取り組む場合は、第一に何のための公共事業で、地元にどういうメリットがあり、施設の利用者は誰なのかということを、はっきりさせるべきだということを示していると思われる。

それにしても、これからの産業に求められるサービスの本質は何だろうか。日本経済の成熟とともにどの市場も飽和状態になり、多くのモノがあふれるようになった現在、心の豊かさや個人生活を重視する傾向が一層強まってきた。

不況とはいっても、お金さえ出せば何でも手に入る日本では、モノよりも、生活の中の精神的な安らぎや充足が重要になってきたのはたしかで、文化や教育、健康、エンターテイメントなどへの関心が多くの日本人の心を占めている。今や人々はモノを買うよりも、自らの心を豊かにしてくれるサービスを求めているのである。

こうした人の心を豊かにしてくれるのはやはり人の心で、私たちは人間的なサービスを求めているのだと言えよう。人間的なサービスとは、それがいかにシステム化され、マニュアル化されたとしても、結局は人への思いやりであり、心遣いに他ならない。

その意味で私は、サービスシステムがいかに多様化され、複雑になろうとも、その中心に人間への思いやりや気配りなど、ヒューマンマインドがなければもたないと信じている。

たしかに優れたモノを安く提供するのもサービスの一つだが、一人ひとりのお客様を徹底的に楽しませ、本当に心豊かな時間を過ごしてもらおうという考え方や、それに基づく製品やサービスを提供しようというマインドにおいて、日本はまだまだ開発途上国である。〝すべての産業はサービス産業である〟という私の言葉には、そういう含みがあることを知っておいていただきたいと思う。

そんな私にとって、コンビニエンスストアというのは素晴らしく魅力的な業態で、今や公共料金の振り込みや宅配便、銀行のＣＤの役割まで取り込み、地域コミュニティの中心的存在になりつつある。

これからはますますキャッシュレスの時代になり、携帯電話でモノを買えるようになってきたので、その機能とコンビニがどうリンクしていくか大変興味深い。また、コンビニのように多種多様な品揃えをしながら、スーパーマーケットより少し割高な価格で宅配する店も出てきた。独り暮らしの高齢者などに歓迎されるサービスだが、いずれはコンビニが行政に代わって税金を徴収し、住民票の交付なども行う時代がやって来るかもしれない。

最近は、行政の窓口もだいぶスピーディーな対応をするようになったが、コンビことお役所とどちらが人間的な対応において優れているか、勝負は初めからついているような気がする。

お役所と言えば、今の日本では「グローバル・スタンダード」と「規制緩和」の嵐が吹き、日本的な談合や〝根回し〟はすべて悪いと否定されているが、はたして「世界標準」に基づく完全な自由競争が私たちの社会に合うかどうか、よくよく考えてみる必要がある。

実際に、それぞれの地域の実情に則して仕事を分かち合い、多くの公共事業に取り組んできたからこそ、今のような社会インフラが整備されてきたわけで、それらをすべて取り払ってしまえば、さらに苛酷な〝弱肉強食〟の世界が出現するだろう。

現在の小泉内閣が進めようとしている「郵政改革」も、三事業の分割は良いとしても、もろに競争原理を導入する「民営化」方式がいいのかどうか、プラスマイナスをよく付き合わせて議論する必要があると思う。

規制緩和のマイナス面の最たるものは、本来は「公器」だからこそ公的資金（＝税金）を注入してもらい、なんとか経営を維持してきた都市銀行が、軒並み消費者金融の世界に参入していることだ。少しでも公器の自覚があるならそんなことをせず、融資が得られなくて困っている優秀な中小企業をもっと助けるべきではないか。自分たちが公金で助けてもらったのだから、本当に「公益」を考えた仕事をしてほしいというのが私の考え方である。

もう一つ、政治家について付言すれば、現在の選挙制度の下では国政に関わる仕事をするより、地元の要望をこまめに取り次ぐ議員の方が人気があり、当選しやすいのは紛れもない事実である。

この矛盾をどう解決するかということと、私の試算では、地元の人々とコミュニケーションしながらネットワークを築き、専門分野のスタッフを必要に応じて雇用し、国政の場で大いに活躍するには年間二〜三億円程度のお金は必要だと思う。

現状では、そのお金を表や裏の政治資金で賄っているが、この程度の資金は国が責任をもって支出すべきではないだろうか。そうすれば、相も変わらぬ汚職騒ぎや裏献金のスキャンダルはもっと少なくなるはずである。

前置きが長くなったが、昭和四〇年生まれの私は二十二歳の時、初代社長の父からレジャーホテルやレストランなどの事業を継承したが、当時はいずれも大きな赤字をかかえ、会社が存続できるかどうかの瀬戸際にあった。

しかし、代表者として事業に関わる以上勝たなければならないし、多くのスタッフの生活を壊すことはできないという一念で、死に物狂いで事業に打ち込んだ。あれから十数年がたち、赤字経営だった会社を年商一二〇億円余りの企業に変身させることができたが、今の状況は、事業を始めた当初の私にとって夢のまた夢だったと思う。ふりかえってみれば、それはすべてスタッフの方々やお取引先様、その他大勢の方々の惜しみない協力が得られたゆえの結果であって、自分一人では決してできなかったと痛感している。

言うまでもなく、事業家にとって事業は「命」同然の重みがあり、それを成功に導くのが私たちプロデューサーの役割である。

私が一つの事業をプロデュースさせていただく場合は、単に商品やサービスに付加価値をつけるだけにとどまらない。その事業を通じて確実に利益が上がる仕組みづくりや業態開発、オペレーション管理まで責任を持つのがプロデューサーの仕事だと考え、オーナーにその確約ができるからこそフィーがいただけるのだと思う。

事業を起こすオーナーと運営を請け負うプロデューサーが、お互いに信頼関係を築くために利益もリスクも引き受ける。いわばお金に責任を持つことこそが私にとってのプロデューサーの定義である。

その定義を踏まえながら、さまざまな局面において傑出した能力を発揮できるのが真のプロデューサーではないだろうか。

本書は、私がこうした確信を得るに至った数々のプロジェクトの中から、とくに事業再生の手法を駆使した官民の事業を選び、今後のカトープレジャーグループの方向性も含めて書き下ろしたものである。

紙上を借りて出版にご協力いただいたすべての方々に感謝するとともに、本書によって、総合的なレジャー事業開発のプロデューサーとしての私の新たな展開を知っていただければ望外の幸せである。

二〇〇四年十二月吉日

カトープレジャーグループ　代表取締役

加藤友康

CHAPTER I

公共事業に変革の兆し
～「伊王島　再生プロジェクト」

1.「ルネサンス長崎・伊王島」の経緯

炭鉱閉山後「リゾート法」の認定地域へ

まだ早春の風が冷たい、今年（二〇〇四年）三月三日。

南国・長崎港の沖合に浮かぶ周囲七・一ｋｍの小島、伊王島には、県内外から多数の招待客が訪れ、華やいだ雰囲気の中で、町主催のレセプションパーティが開かれた。この日の会場には、池下守伊王島町長や金子原二郎長崎県知事をはじめ、政財界の要職の方々が一堂に会して楽しげに談笑。壇上中央には、『祝／長崎温泉やすらぎ伊王島開館祝賀会』の文字が掲げられている。

祝賀会は池下町長のスピーチから始まったが、その話に耳を傾ける前に、そもそも伊王島とはどういう島で、どのような歴史的経緯を辿って今日に至ったのか記しておこう。

伊王島は、有名な俊寛僧都が流罪になった島として知られるが、それよりはるか以前、ここを訪れた神功皇后が「祝島」と名付けたというおめでたい故事が残っている。

近代に入ると、この島には豊富な埋蔵量を誇る炭鉱が開かれ、最盛期には七五〇〇人余の人口を数えたが、一九七二年の炭鉱閉山後は〝過疎化〟の一途を辿り、二〇〇四年現在、全島民は約九〇〇名を数えるにすぎない。

閉山後のこの島は、離島・過疎・旧産炭地という苦境を脱するため、伊王島町と長崎県が協力してさまざまな企業の誘致活動を行ったが実らず、人口の減少にも歯止めがかからなかった。そのため一九八四年には、伝統的な舟艇競争である「ペーロン大会」まで中止せざるをえなくなった。

そんな伊王島の転機となったのは、一九八七年に「民間活力の導入」を提唱した中曽根内閣が、全国に長期滞在型リゾートを建設する「リゾート法」（総合保養地域整備法）を制定。これを受けた長崎県が「ナガサキ・エキゾティックリゾート構想」

伊王島
長崎港の南西海上に浮かぶ周囲7.1kmの小さな島。

を立案し、重点整備地区の一つとして、長崎・伊王島地区を「アーバン・リゾートエリア」に指定したことだ。

その後、県下のトップの民間企業と長崎県、長崎市が出資する第三セクター（＝伊王島スポーツリゾート開発株式会社）が設立され、一九八九年四月、伊王島は全国で十二番目の「リゾート法」認定地域となり、〝アーバンリゾートの島〟として新たな一歩を踏み出したのである。

「南国のマリンリゾート」の盛衰

同年七月、島内の工業団地用に整地されていた広大な敷地（総面積二万五千坪）を買収した伊王島スポーツリゾート開発（株）は、約一〇〇億円の巨費を投じてスパニッシュ風のリゾート施設「ルネサンス長崎・伊王島」を完成し、さっそく営業を開始した。

タイプの異なる複数のホテルとシーサイドコテージ、屋内・屋外の二つのプール、十四面のテニスコートやシーフード・レストランなど、美しい海に囲まれた自然の中にこれらの施設が並ぶ光景は圧巻で、当初は〝南国のマリンリゾート〟として、夏季を中心に近県のみならず、遠方からも多くのお客様が訪れた。

しかしながら、その後の平成大不況の影響もあり、全国の他のリゾート施設同様、営業面で大変な苦戦を強いられたため、国際テニストーナメントや「レゲエ・ジャパンスプラッシュ」などを開催。伝統行事のペーロン大会を復活するなど、さまざまなイベント戦略によって業績の回復を図ろうとした。

一九九六年七月には、島の波止場のそばに新館「ハーバービュー」を建設し、ブライダル・ユースや修学旅行のお客様を獲得するため、多目的ホールやマリンレストランなどを増設。東京のホテルオークラの料理チームを招聘するなど、必死の営業努力を続けたが、慢性的な赤字体質を脱却することはできなかった。

また、二〇〇〇年八月にはさらにラテン色を前面に打ち出し、「ホテルエスパーニャ」と改称して経営の再建をめざしたが、局面を打開することができず、累積の

ルネッサンス伊王島
総面積25,000坪、総工費100億円で開発されたスパニッシュ風リゾート施設。

ハーバービュー
伊王島港のそばに新設された、全室から海が一望できるホテル。

負債総額は約一〇〇億円に達した。そのため、伊王島スポーツリゾート開発（株）は、翌年十二月の臨時株主総会で会社の解散を決議し、長崎地裁へ特別清算を申請。二〇〇二年一月に施設全体の閉鎖を余儀なくされたのである。

経営破たんのリゾート施設

伊王島町が買い取りへ

4億円弱、長崎県も支援

レジャー会社が運営

二〇〇一年末に運営・所有会社の第三セクターが経営破たんした長崎県伊王島町のリゾート施設が再生に向け動き出す。町が四億円弱で施設を買収、大阪市の総合レジャー会社に運営委託し、県がこれを支援する方向で二十日に関係者が覚書に調印する。七月の営業再開に向け、町は施設改修などに数億円を再投資し、県民対象のレジャー施設として復活を図る。

伊王島町が運営委託を予定しているのは、ホテルや飲食店を展開しているカトープレジャーグループ（KPG、大阪・天王寺区、加藤友康社長）。町は四月にもリゾートホテル「ホテルエスパーニャ」を買い取り、KPG側と本契約を締結、七月二十日ごろの営業再開を目指す。

KPGは運営法人として一〇〇%出資の「KPGエコロジックリゾート長崎」を設立する。町は改修および新施設に四億円前後を投じる方針。新たに設けるものとしては温浴施設などを検討しており、家族四人で一日三万円程度で楽しめる県民向けのリゾートとして再生したい考えだ。

「ホテルエスパーニャ」は八九年、地元の松早グループと県、町などが出資した第三セクター、伊王島スポーツリゾート開発が「ルネサンス長崎・伊王島」として開業した。投資総額は約百億円。だがバブル崩壊が響き一度も単年度黒字化することなく、伊王島スポーツリゾート開発は〇一年十二月に長崎地裁に特別清算を申し立て、〇二年一月にホテルは閉鎖した。負債総額は約百億円。

KPGは西日本を中心にホテル約三十件や飲食店、フィットネスクラブなどを運営している。〇一年末には東京第一ホテル福岡の運営を受託した。グループ売上高は約百二十億円。

伊王島リゾートの経緯

1989年7月	「ルネサンス長崎・伊王島」として開業
2000年8月	「ホテルエスパーニャ」に改称
01年12月	長崎地裁に特別清算を申請
02年1月	ホテルを閉鎖
10月	伊王島リゾート破たんの責任をとり、松早石油の松本博社長が降格

県民向け施設として再生を目指す（ホテルエスパーニャの正面玄関）

2003.3.20 日本経済新聞

2. 公共事業の赤字構造

エリアマーケットの重要性

ところで、この伊王島リゾートに限らず、第三セクター方式を含む全国の公共施設は、採算性のある事業として成り立っている所がきわめて少ない。

そのため既存、新規を問わず、私たちのグループに持ち込まれるオファーは年々増えている。さまざまな事業開発をプロデュースする立場で忘れていけないと思うのは、公共事業というのは地域にお金を還流させるのが原則で、収益をあげることだけを優先させてはいけないということである。投下資本と収益のバランス、あるいは費用対効果の問題が、必ずしも経営の唯一絶対条件ではないからだ。

そのことを前提に置くとしても、いわゆる〝中曽根民活路線〟で建設された全国のリゾートは総崩れ状態で、大半の施設が赤字経営に陥っている。その背景にはグアムや台湾への国際便より、北海道や沖縄へ行く方が割高になる航空運賃や、東南アジアや中国など割安な海外リゾートに多くのお客様を取られている日本の観光政策の問題がある。しかし基本的には、バブル期に地元のマーケットを無視して壮大な施設を建設し、全国から集客できるという《幻想》に踊った人たちの責任が重いのではないか。

たとえば九州にも、長崎のハウステンボスや宮崎のシーガイヤのような大型施設があるが、いずれも地元のマーケットや顧客ニーズを軽視し、高額の料金設定をすることによって、自らリピート客の掘り起こしに失敗したと言わざるをえない。

こうしたテーマパークやレジャー施設のほか、公共事業の「箱もの」の定番には、郷土資料館や博物館、美術館、各種宿泊施設などがあるが、バブル期にブームになった美術館などは、もっと多くの利用者に喜ばれるとともに、しっかり事業収益を生み出して、地域経済を潤すシステムをつくらなければならないはずである。

にもかかわらず、運営責任が曖昧なマネージメントシステムにより、採算性を無視した顧客対応や業務を継続し、莫大な投資を生かしきれない施設が多いのはなぜか。

今後はこうした悪弊を断ち切り、いかなる公共事業にも民間と同じ事業開発と収益アップの指標を導入し、全力で収支の改善に取り組む必要があるのではないだろうか。

日本の体質、「建設土木主義」が生んだ現状

二〇〇四年二月二十四日付の朝日新聞によれば、厚生年金や国民年金などの積立金によって、全国に建設された二六五ヶ所の年金福祉施設の経理内容に、民間並みの収支基準を導入すると約九十七％が赤字で、黒字は大阪厚生年金病院や九州厚生年金病院、東京厚生年金スポーツセンターなど、九ヶ所の施設だけだということが判明した（二〇〇二年度、社会保険庁試算）。

とくに赤字額が大きいのは、都市部に多い厚生年金会館（ウェルシティ）や、老人ホームにゴルフ練習場、温泉などを組み合わせた厚生年金休暇センター（ウェルサンピア）、プールやテニスコートなどがついた宿泊施設（サンピア）で、社会保険庁では二〇〇五年度までに、これらの施設の廃止や再建策を決めるそうである。

これに対して、自民党内では「時間をかけて再建しても、損失金がふくらむだけ」と見なし、早期に地元自治体などへ売却することを求める声が強いが、施設の建設に投入された積立金は一兆五〇〇〇億円以上に達している。その資産評価額は、すでに地価の下落などによって一兆円余に目減りしているが、これを売却すると、含み損に加えて数千億円規模の損失が出る見込みだという。

こうした事情は、簡易保険の積立金で全国に建設されたリゾート施設（グリーンピア）でも同様で、ほとんどの施設が赤字経営に陥っている。そこで、民間企業に

運営を委託した「グリーンピア土佐よこなみ」では、努力の甲斐あってようやく二年目に黒字体質に転換できたが、「将来を見越して閉鎖する」ことが決まったという。行政のこうしたチグハグな対応は、貴重な雇用の場を失う地元住民に大きな失望を与えている。

それにしても、公共事業にはなぜこれほど失敗例が多いのか。

その要因として、収益をあげることを前提にしない事業のあり方や、担当部署ごとに縦割りにされたシステムによって、施設全体に統一感がなく、無駄な投資が多いことなどがあげられる。一口で言ってしまえば、施設を利用するお客様から本質的な満足を得られていないからこそ、赤字が続くと言ってもいいだろう。

もちろん、公共事業は利潤追求だけが目的ではないが、集客数が目標に達しないのはお客様に喜ばれていない証しであり、本来の意義である地域社会への貢献もできていないのではないか。少々厳しい見方かもしれないが、多くの人々が満足していない施設に貴重な血税が注ぎこまれている現実に、国民の一人として腹立たしい思いを禁じえない。

地域への貢献度を高めて収支を改善し、公共事業といえども〝儲かる商売〟にするには、施設全体のハード面はもちろん、営業やオペレーションなどのソフト面まで、さまざまなサービスレベルを総合的に高めていく必要があるのではないだろうか。

ところが、従来の公共事業は壮大な「箱もの」を造るだけで満足し、施設を維持・運営していくための中・長期的な計画を立て、施設のメンテナンスに資金を投入することや、オペレーションを充実させたりするサービス精神が欠如している。

私は、日頃からグループのスタッフに「どれほど立派で豪華な施設も竣工日が命日で、時代のトレンドは流れ、ファッションは変わっていく。それを維持向上していくのがみんなのオペレーション能力であり、すべてのスタッフのチームワークが何より大切だ」と説いている。その意味で全国の公共施設の大半は、〝仏つくって魂入れず〟という言葉がピッタリするように思われる。

3. 伊王島リゾート事業再生プラン

収益を還流させる公共事業

話を伊王島に戻すと、第三セクターの中心だった民間企業と伊王島町は、ホテルエスパーニャの閉鎖後、その譲渡先を求めて数社の企業と交渉したが、いずれも難航した。

交渉の最大のネックは、施設の稼働率の低さと単年度で一度も黒字が出ていないことで、海水浴客が多い七～八月には稼働率九十五%を越えても、年間平均では三〇%がせいぜいで、各種施設の維持費を考えるととても採算が合わない。会社解散の直接の原因となった施設の拡大が、再建の足かせにもなったのである。

こうして時が過ぎ、二〇〇二年一月に私が大変お世話になっているパートナー企業を通じて地元銀行から、伊王島リゾートの再生について打診が入った。

そこで同年三月、同島を現地視察した私の第一印象は、〝どうして、この島にこれほど立派な施設があるのか〟という驚きで、地元のニーズから遊離したスペイン風リゾートに、お客様が満足するとはとうてい思えなかったというのが正直な感想である。

その時、私の脳裏に閃いた伊王島リゾート再生のポイントは二つある。その一つは、このリゾートは地域の人々のニーズに応えるものでなければ存続できないということである。そこで、私は顧客のターゲットを長崎、佐賀、福岡の三県民に絞り、この範囲のお客様に利用してもらい、採算が合うようにするにはどうしたらいいか考えるようにした。

もう一つのポイントは、伊王島リゾートは〝地域密着型〟の公共施設でなければならないということ。これは、国や県から補助金をもらうとかもらわないとかいうレベルではなく、官民が一体となって再生に取り組むことによって、地域住民にその重要性を認識してもらい、収益を地元へ還元するシステムをつくらなければ成功しないと思ったからである。

単に民間企業が施設を安く買収し、利益だけを優先させる経営を進めても採算がとれないのは明らかで、すべての島民のエネルギーを結集して、〝伊王島の発展〟という大テーマを追求しなければならない。その時初めて、私たちはこのリゾートを本当の意味で再生させることができるだろう――。

それが、現地をこの目で見た私の〝直感〟だった。

プライオリティの選定

それから二ヶ月後。

伊王島町に対する最初のプレゼンテーションの席上で、私は今回のプロジェクトは、官民が一体となって全力で取り組まなければ成功しないことを強調。長崎県下の四人家族のお客様が、一泊二万円程度で過ごせる料金設定を目標にすると言明した。

そのための最大のネックは島への交通アクセスで、長崎港と伊王島の間を約二〇分で往復する連絡船の値下げと、お客様の専用駐車場をぜひとも確保しなければならない。地元の船会社が運営している船便は島民が利用する生活航路で、往復運賃が一二〇〇円と割高だったため、リゾート客の集客の妨げになっていた。

一方、伊王島町では「ホテルエスパーニャ」の閉鎖後、民間企業への売却が不首尾に終わったため、自ら施設を買収する方針を固めた。そして、そのプランを県に打診したが、長崎県では「一企業の救済に多額の税金を投入するには、十分な根拠が必要」と難色を示し、一時は町も断念しかけた。

しかし二〇〇二年十月、「ホテルエスパーニャ」の運営主体だった民間企業と地元銀行が、負債の大半の一〇八億円を損失処理することを決定。これにより「企業支援の色合いが薄れた」と判断した県は、一転して伊王島町を応援する方向へ転換した。

ちょうどその頃、私は金子県知事と会談し、町及び県に対して二回目のプレゼンテーションを行ったが、最終的に伊王島リゾートの営業再開に向けて伊王島町が施設を買収し、私たちのグループに全施設の運営を委託してくださることが決まった。

課題であったアクセスは船会社と度重なる打合せを行いタイアップのご協力をいただき、八十五トンの大型旅客船（コバルトクイーン号／定員一八〇名）で、お客様の「無料送迎」を実現した。それに加えて、独自で自社小型客船「やすらぎ伊王島号」（十九トン）を導入。長崎港に近い香焼町に無料の駐車場を設けて、お客様が気軽に伊王島へアクセスできるようにした。

再生へのファーストステップ
交通アクセスの調整など、入念な打ち合わせが行われた。

こうした経緯を経て二〇〇三年三月二〇日、長崎県庁において県と町、そしてカトープレジャーグループの三者が、新たな伊王島リゾートの運営方針などをまとめた覚書を締結。同年七月の営業再開に向けて動き出すことが正式に決まった。

そこで同年五月、私は伊王島町に本社を置く新会社「株式会社KPGエコロジックリゾート・長崎」を設立し、この事業が地元に雇用や消費をもたらし、法人税や消費税によって利益を還流することを目的とする、公共事業であることを明らかにした。

そして、池下守伊王島町長と記者会見を開き、パートタイマーも含めて約一〇〇名の従業員を地元で雇用し、リゾートの新たな名称を「きれいな海と四季旬味　やすらぎ伊王島」にすると発表。豊かな自然の恵みと「和」をコンセプトに、健康や〝癒し〟に徹底的にこだわった施設を整備し、地元の豊富な食材を活用する通年リゾートとして、幅広い年齢層の方々に気軽に楽しんでいただける場にするため、グループが一丸となって取り組む決意であると表明した。

具体的な取り組みとしては、七月二〇日から三つのホテルとシーサイドコテージ、日本に数少ない巨大なジャングルジムを備えたキッズガーデン、シーサイドバーベキューガーデンなどの営業を先行的に始め、年末には温浴施設も含めて全施設の営業を開始した。また、八月下旬から天然温泉の掘削を計画するなど、ハード面の充実はもちろん、ペットと一緒に泊まれる部屋を用意したり、自転車で島の自然を体験してもらうなど、ソフト面でも多くの工夫を施すことにした。

そして、初年度は長崎県民を中心に十五～二〇万人のお客様に来ていただくことを目標としたが、記者会見に同席した池下町長は、「県民のリゾートとしての期待に応えるため、運営会社が仕事をやりやすくなるようにしたい。新しく元気な伊王島がよみがえるように頑張りたい」と語っておられる。

以下に転載させていただいた地元紙のインタビュー（同年六月六日付長崎新聞）には、新たな伊王島リゾートの運営に対する私の考え方が簡潔にまとめられているので、ご一読いただきたい。

長崎・伊王島リゾート施設

7月に営業再開

新運営会社　県・町と覚書締結

覚書締結後、握手する（左から）加藤社長、金子県知事、池下町長

昨年一月に閉鎖された長崎県伊王島町のリゾート施設の営業再開に向け、新たに運営を引き受けるホテル運営会社「カトープレジャーグループ」（東京・渋谷区、加藤友康社長）は二十日、長崎県庁で県、町と運営方針などをまとめた覚書を締結した。

覚書では営業再開日を七月十日とし、県内からの雇用に努めるほか、同社と協議のうえ、町が新たな施設建設のための投資計画を策定するなどとしている。

同町のリゾート施設「ホテルエスパーニャ」は、運営会社が約百億円の負債を抱え特別清算を申請したことから、昨年一月に閉鎖。町が施設を買い取ることを前提に、運営会社を探していた。

営業再開に向けては町が過疎債を活用して約四億円で施設を買収。同社に運営を委託する。新施設は温浴施設などを中心に検討することにしており、必要となる資金は旧産炭地の振興を目的とした基金を活用する予定。

2003.3.21 日本経済新聞

調印式を無事完了
2003年3月20日、再生へ向け伊王島が動き出した瞬間である。

――伊王島ではどういうリゾート施設をめざすのか。

加藤　以前は夏季に特化し、ターゲットはある程度の富裕層というイメージが強かった。これからは安価で、いろいろな施設や企画により、一年を通じて楽しめる施設にする。最も力を入れるのは、季節季節に応じた食の部分で、地元の食材を使い、一般のレストランに負けない素晴らしい内容にしたいと思う。

――一部屋一万円以内で宿泊でき、家族四人なら二万円以内で宿泊と食事ができるという安い料金にしたのはなぜか。

加藤　大阪や東京のお客様に来てもらおうとは思っていないからで、長崎県と九州エリアの方たちに、何度も来てもらえる施設をつくりたいと考えている。安価な料金設定が経営を圧迫する面もあるが、いろんなアイデアを振り絞って戦略を組み立てている。エージェントに頼ることなく、リピーター戦略をしっかりとっていきたい。

――採算面で心配はないのか。

加藤　季節により、来場者の変動が大きいのは経営にとってマイナス。その意味では春でも秋でも冬でも、ある程度のお客様に来てもらわないと厳しい。温泉の採掘もオフシーズン戦略の一つで、人件費を工夫することによって、どれだけコストを下げられるか研究している。

――既存の伊王島リゾートの印象は？

加藤　これほどの施設が島にあるのかと驚いた。今後は大きな設備投資をどんどんやっていく考えはなく、この施設をいかに活用するかがポイントだと思う。また、年間を通じての企画やソフトの充実もカギになると思う。県民の皆様にかわいがっていただけるよう頑張るので、ぜひ足を運んでほしい。

伊王島のリゾート施設運営に乗り出すカトープレジャーグループ　加藤　友康社長(38)

インタビュー2003

ふるさと経済

年中楽しめる施設に

料金安くリピーター戦略

カトープレジャーグループ

ECONOMY

長崎新聞 2003年6月6日掲載

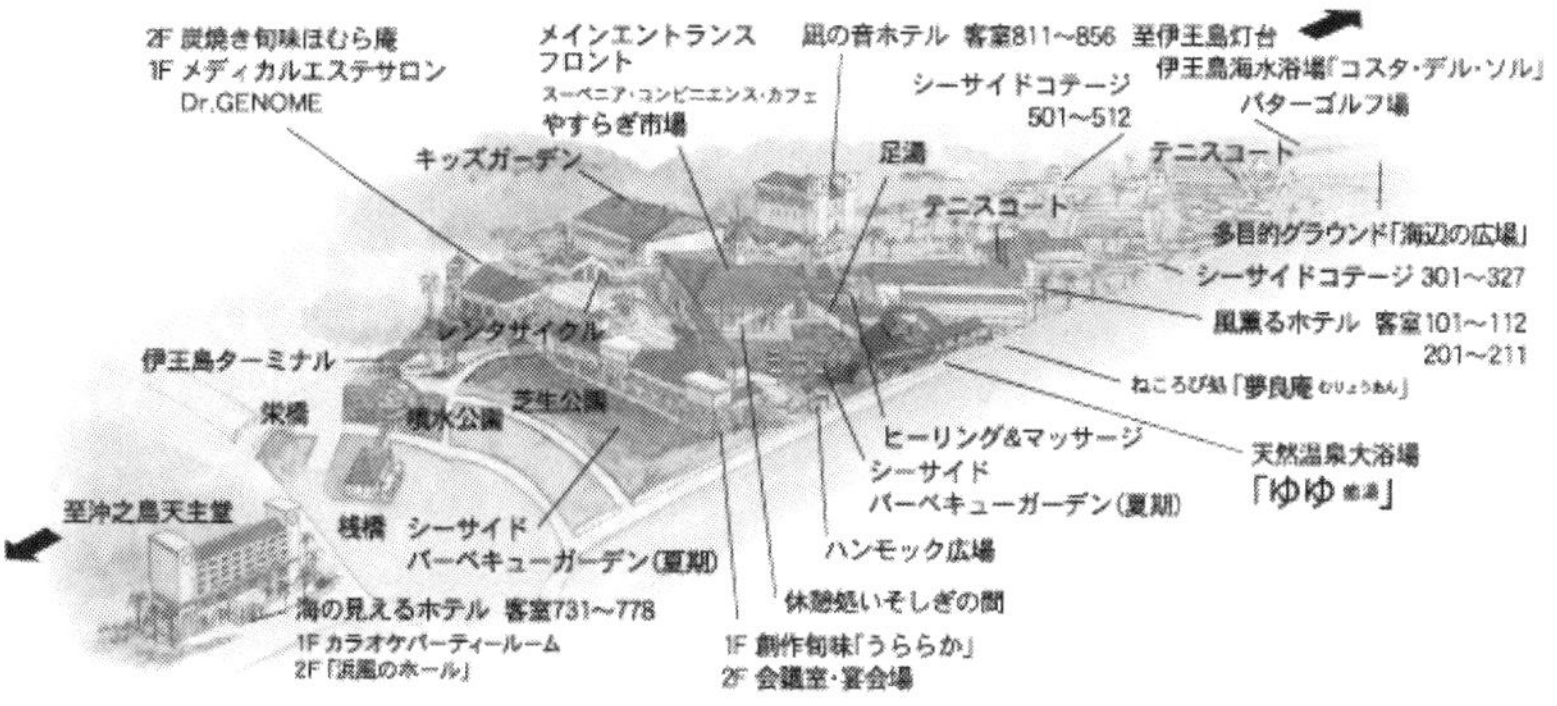

4. 伊王島再生プロジェクトの「肝」

「官設民営」方式のスキーム

こうして新たにスタートした「きれいな海と四季旬味　やすらぎ伊王島」は、地方自治法の規定により伊王島町が所有し、その管理運営を、町が全額出資した株式会社伊王島振興公社に委託。さらに同公社が、全施設の運営を（株）ＫＰＧエコロジックリゾート・長崎に委託する形となっている。

これはいわゆる〝官設民営〟の事業スタイルで、一九九〇年代の初頭にイギリスで開発され、今や日本の公共事業の約十五％を占める「ＰＦＩ」（Ｐｒｉｖａｔｅ　Ｆｉｎａｎｓｅ　Ｉｎｉｔｉａｔｉｖｅ）の手法に近いと言えるだろう。

行政のスリム化と公共事業のコストを下げるため開発されたＰＦＩは、入札などで選ばれた民間企業が、発注者である国や自治体と契約を結び、資金調達から施設の建設をはじめ、工事の管理や施設運営まで行う仕組みである。

その場合、民間企業は銀行からの融資や株式の発行などで資金を調達する他、事業の公共性が高い場合は、国や政府系金融機関から無利子で低利の融資を受けることができる。

民間企業は事業収入で利益をあげながら、借金を返済していくことになるが、将来的な収支予測に誤算が生じて赤字を出した場合、どちらが赤字に責任を持つかは事前に決めておくことになっている。

日本では一九九九年七月、議員立法によって「民間資金等の活用による公共施設等の整備等に関する法律」（ＰＦＩ法）が成立し、道路や鉄道、駐車場、リサイクル施設などの二四事業が対象となり、二〇〇〇年三月には民間事業者の責任や、官民のリスク分担のあり方などを示す基本方針を政府がまとめている。

こうした流れに促される形で、各地のＰＦＩ導入の動きが加速し、東京都の金町浄水場における熱電供給システムや、大阪府の江坂駅南立体駐車場、茨城県の常陸那珂港の整備などが相次いで行われた。また、東京と大阪の両証券取引所では、ＰＦＩ実施のために新設された企業が、資金調達のために発行する株式市場を新たに創設し、ＰＦＩをバックアップする構想も打ち出されている。

とくに地方自治体では、戦後初期に建設した学校や各種公共施設が老朽化する一方で、公務員の退職金や地方債の償還などによって財政赤字が顕在化。ＰＦＩによって民間活力を導入し、公共施設の再建を図りたいという気運が高まっている。

KPGプロデューススタンス

折しも「平成の大合併」により、近く長崎市と合併する伊王島町にとって、地方債を起債して「ホテルエスパーニャ」を買いとり、その再生に取り組むのは大きな決断だったにちがいない。

池下町長は、二〇〇三年三月の町議会において次のように述べ、リゾート再生による雇用の回復と地域の活性化に強い期待を抱いていることを表明した。

「今度の事業は、町の財政状況から見れば〝無鉄砲〟との見方もあるが、各方面の関係者の支援が得られて大きな自信を得ることができた。私はもう一回、島のにぎわいを取り戻したいと思う」

こうした熱い期待を一身に受け、伊王島再生プロジェクトの全権を委託された私たちは、通常の運営委託のように町から管理運営費をいただくのではなく、私たちが全施設を町から借り受け、その運営に責任を持たせていただくことになった。そこまで腰を据えて収益に責任を負う民間企業は少ないため、町や県には大変喜んでいただいた。

私たちはこうした事業スキームを設定することにより、クライアントの利益を確実に保証するとともに、地域の雇用や経済の活性化に本当の意味で貢献できると信じている。

ちなみに、町と県及びカトープレジャーグループの三者で締結した覚書には、あまり細かいことは書かれていない。お互いの〝呼吸〟というか、トップ同士の信頼が非常に重要だと思うからだ。

また、県内の競合施設と差別化するには安易な値引き競争をせず、地元の旬の食材を使って、オリジナリティのあるおいしい料理をお客様に提供。そうした努力によって、地域の方々に喜んでいただけることが、このプロジェクトを成功させる第一の「肝」だと考えた。

成功のキーポイント① ―コンセプトワーク―

本物の事業を展開するには見せかけの戦略や手法は無用で、コンセプトづくりからマーケティング、プランニング、そしてオペレーションまで、それぞれの分野で事業の「肝」を把握しておかなければならない。

なかでも一番重要なのはコンセプトで、公共事業では「社会貢献」とか「次代を担う青少年の育成」など、抽象的な言葉がよく使われるが、大前提の「収益性」についで言及することはあまりない。

私は事業家なので、事業の基本となる収益性が確保されない、つまり〝儲かる〟

とは思えない事業に興味はなく、極端に言えば、収益のあがらない事業は〝悪〟だとさえ思っている。それは決して事業の社会性や教育性、文化性などを否定するのではなく、事業性（＝収益性）の根拠のない事業に関心がないだけのことである。

その意味で、コンセプトというのはまさに事業の「肝」で、〝これでお客様が来ないはずはない〟と確信できて、初めてコンセプトと言えるだろう。ところが、大半の人々は分厚い企画書と入念なプランさえあれば、もう事業が成功したかのような幻想を抱く。それはあくまでも一つのデータにすぎず、〝これなら絶対成功する！〟と確信できるまで、コンセプトを熟成・発酵させることが肝腎なのである。

こうしてコンセプトが固まったら、次は徹底したマーケティングに基づく営業戦略を構築し、ミクロなディテールにこだわるプランニングによって施設内外を整備。その後のオペレーションにおいても、事業コンセプトが確実に貫徹されるよう気を配らなければならない。

私たちは、今回の事業コンセプトを〝伊王島の豊かな自然と和の文化〟と定め、施設の名称とロゴマークを子供から老人まで親しめるものに変更した。そして、新たな名称は筆文字を使い柔らかな雰囲気を出し、和風をイメージした茶色を文字ごとに色調を変えて配列した。

そして、ロゴの上のシンボルマークは湯煙や波しぶき、草花の新芽、漁火などをテーマとし、美しい島の風景や温泉などをイメージして、ほのぼのとシンプルにまとめた。

同時に、三つのホテルを「風薫るホテル」「凪の音ホテル」「海の見えるホテル」と改称し、レストラン名も「創作旬味／うらら」「炭焼き旬味／ほむら庵」とするなど、施設全体を和風のコンセプトで統一するよう配慮した。

成功のキーポイント②　―マーケティング―

私はこれからの事業経営は、正しいマーケティングの有無によって成否が決まると言っても過言ではないと思っている。

きれいな海と四季旬味
「やすらぎ伊王島」誕生
地域への浸透をめざし、復活を期した伊王島。和のイメージで、従来のスペイン風を払拭。

現代のように、同一商圏内に同じ業種や業態が共存し、各社がしのぎを削って競争している状況を考えると、同業他社との関係や差別化を抜きにして事業を展開するのはむずかしい。その意味で、地理的・政治的に客観性をもって周囲の状況を把握することが不可欠で、営業対象となる地域のさまざまなデータを検討することも必要である。

しかし、マーケティングで肝腎なのは単なる「市場調査」ではなく、調査の段階で事業を成功させる〝肝〟をつかむことである。この事業はどうしたら成功するか、細かいプランニングの基礎となる〝肝〟を発見できなければ、何の意味もないと言っていいかもしれない。

事業の対象だけを見るのではなく、対象を取り巻く自然環境や社会現象はもちろん、半歩先の時代のトレンドや消費者ニーズの動向まで十分リサーチし、それぞれの要素が事業全体のプランニングの中に明確に位置づけられなければならない。

とくに伊王島のような公共事業では、利益をいかに生むかを考えるだけでなく、いかに地域経済を活性化させるかという視点を忘れてはならない。そのためのプランづくりの基礎になるのが、正しいマーケティングだと思う。

成功のキーポイント③　―プランニング―

明確なコンセプトに基づき、入念なマーケティングを行い事業の成功が確信できた時、初めて事業を展開するために必要なプランニングに入るのが、私たちのグループの基本である。

プランニングには期待する結果を達成するための目玉企画から、事業の収支計画、施設計画、営業及び販促計画まで、事業を総合的に展開するためのあらゆる計画と手法が含まれる。

プランニングにおいて、プランナーが最も意識しなければならないのは、その業態が成功する〝肝〟をどう取り込むかである。私の経験で言えば、事業の〝肝〟とも言える価値観を根底に置きつつ、どれだけ豊富な戦略を持っているかが成否を分けると思う。

それぞれのプランナーは事業の成功という目的を達成するため、プロデューサーやプロジェクトスタッフと一体になって議論し、事業コンセプトに基づく諸条件を踏まえてさまざまな手法を検討するが、単なる専門的な知識だけでなく、豊かな人間性や経験、採算に責任をとる倫理観まで要求される。

もちろんコストやスケジュールの管理能力も重要で、スタッフの能力や熱意を見抜き、的確な判断や決断によって全スタッフを統括していかなければならない。加えて、常に全体の方向性を見失わないバランス感覚が必要で、ヒト・モノ・カネ・情報の四要素に、柔軟かつ繊細に対応できる能力がなければならない。

私たちは、伊王島が営業を再開した前年の夏に全施設のデューデリジェンス（物件精査）を行い、およその改修費用を見込んだが、オープンまでの一年間、経年劣化による改修費用が大幅に増加し、新たな施設への投資額を減らさざるをえなくなった。

そのため昨年（二〇〇三年）はリニューアルの時間がなかったので、一部を手直しして〝息吹〟を入れながら営業を開始したが、年間を通じて経営を安定させるには夏以外のシーズンにも力を注がないと、「ホテルエスパーニャ」の二の舞になってしまう。

そのことに深刻な危機感を抱いた私たちは、開業当初から温浴施設を増設する必要があると町に説いたが、温泉の掘削には費用と時間がかかるという。

そこで、民間資金を活用して温泉を掘り当てようと決意した私たちは、昨年八月から敷地内でボーリングを始め、ついに十一月末、地下一二〇〇ｍの地層で温泉源を発見した。

コンコンと湧出したのは毎分七二〇リットル、地上の温度が四五度の自噴泉で、「カルシウム・ナトリウム塩化物泉」のお湯はほのかな硫黄の香りを含み、コリや疲れを癒しながら身体を芯から温める効果があった。

それは九州でも有数の源泉だったので、さっそく十二月から新たな温浴施設（「天然温泉大浴場／癒湯」）の建設工事を開始し、県の許可を得て「長崎温泉」と命名。浴槽内のお湯は加温も加水も一切行わない、正真正銘の一〇〇％天然・かけ流しの湯であることをアピールすることにした。

これに勢いを得た私たちは、県下で最大手の薬局チェーンと契約を結び、老朽化したゲームコーナーを改修して、メディカルエステサロン「ドクター・ゲノム」をオープン。宿泊のお客様全員に無料でお肌診断を行うサービスを実施するとともに、本館二階の旧・展望風呂を、酸素吸入と麦飯石ベッドでリラックスできる「マッサージ＆酸素バー」に改修する工事も実施した。

さらに、海を見ながらのんびり過ごせるリラックス・スペー

温浴施設を新設
四季を通じてご利用いただける施設として、温泉を掘削。100％天然・かけ流しの温泉が誕生。

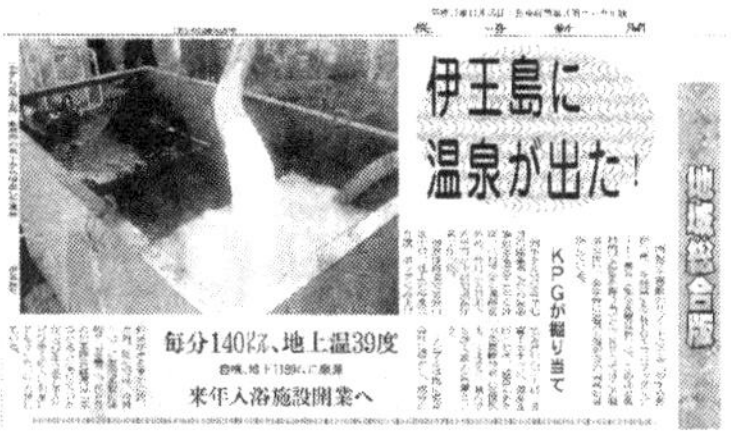

地域総合版

伊王島に
温泉が出た！

KPGが掘り当て

毎分140ﾄﾝ、地上温39度

来年入浴施設開業へ

2003.12.25 長崎新聞

ス「ねころび処／夢良庵」を大浴場に隣接して設置。二十四時間営業のコンビニならびにスーベニアショップである「やすらぎ市場」を設けるなど、綿密なマーケティングに基づいてお客様のニーズを最大限満たす施設を増設。あらためて「長崎温泉　きれいな海と四季旬味　やすらぎ伊王島」と改称して、今年（二〇〇四年）三月六日にグランドオープンする運びとなったのである。

成功のキーポイント④　―オペレーション―

言うまでもないが、ある事業を成功させるには、その事業に携わるすべての人々の情熱と協力が必要なことは言うまでもない。私たちが旅先でよく経験するように、たった一人のドアボーイの口のきき方や、接客の態度いかんによって、どれほど素晴らしいホテルでもせっかくの気分が台無しになってしまう。

しかし、すべてのスタッフがオーナーと同じ心を持ち、いわば〝最良の心のマニュアル〟を持ち合わせていれば、お客様に喜んでいただけるサービスが自然にできるはずで、その努力を怠ればお客様の満足を得ることはできない。

私は常日頃から、すべての産業はサービス産業だと感じているが、とくに、レジャー事業では顧客へのサービスが当然だと思っている。どんなサービスにも限りはないが、始めようと思った時に始まり、〝これくらいでいいか〟と諦めた時に終わるのではないだろうか。

すべてのお客様は、自分がその場で歓迎されているかどうかにきわめて敏感で、自分が歓迎されているという安心感がお客様の「快適さ」の第一条件である。

私たちにとってオペレーションとは、私たちのおもてなしの心を伝えるコミュニケーションツールだと考えている。それは、ファーストフード店やファミリーレストランなどに見られるマニュアル化された接客システムではなく、お客様の心に安らぎを与え、より一層の快適さに導くコミュニケーション技術なのである。

もちろん、一人一人のオペレーション能力を高めるのは容易ではない。私たちが

再生を誓って
地元雇用を中心に、続々と新しいスタッフが参加。
雇用説明会やスタッフ研修が実施された。

考えるオペレーションは心の技術であり、上司の言葉やマニュアルから簡単に学べるものではないからだ。

「長崎温泉やすらぎ伊王島」のオペレーションは、施設管理や人事管理、計数管理、金銭管理、物流管理、顧客管理、企画管理、販売促進など、さまざまなセクションに分割されるが、各セクションは全体として密接な関わりを持たなければならない。セクション間の意志に不一致があると、全体業務の遂行に重大な支障が生じかねないからである。

本来、「組織」という言葉は、織物の縦糸と横糸を組み合わせるという意味に由来するが、私たちのグループでは上司から部下へ、部下から上司へという「縦」の関係だけでなく、同じセクションの同僚や、他のセクションとの「横」の連携を重視して業務を行うのが原則だ。そして、毎日の些細な業務にも十分気を配り、お客様の心を打つオペレーションに自ら楽しんで取り組むよう心がけ、常にベストな運営とパーフェクトなサービスを行いたいと考えている。

また、私たちのグループでは、スタッフが商品やサービスを通じてお客様と接している時間が最も大切だと考え、それを「真実の瞬間」と呼んでいる。そして、それぞれの現場で汗を流し、たとえ小さな一歩でも努力して成長する姿勢を評価し、その成長をお互いの喜びとするため、社内に「ガンバレーション」という制度を設け、毎年多数のスタッフを表彰している。

「ガンバレーション」という言葉は、スタッフの頑張りとオペレーションをミックスした造語だが、私たちは、この制度を通じて、一人一人がやりがいと働きがいを感じられる企業に成長させていきたいと願っている。

私は、「やすらぎ伊王島」で働くすべてのオペレーション・スタッフが、こうした真心のサービスを通じて、必ずやお客様に満足していただける成果をあげてくれるものと確信している。

幸い、現地採用のスタッフの方々にもKPGのサービススピリットを深く理解していただき、伊王島リゾートを盛り上げることによって地域の再生を図りたいという気持ちを強く持ち、一生懸命努力してくれている。本当に素晴らしいスタッフばかりなので、大変ありがたいと思っている。

スタッフ間の信頼
互いに高め合い、汗を流し、喜び合い、業務に精励するスタッフ。年に二度、そんなスタッフを表彰するのが、KPGガンバレーション。

5.「長崎温泉 きれいな海と四季旬味 やすらぎ伊王島」グランドオープン

池下町長の真情あふれるスピーチ

では、ここで冒頭の「やすらぎ伊王島」グランドオープン祝賀会場に戻り、池下守伊王島町長のスピーチを聞いてみよう。

同町長の挨拶には、伊王島が炭鉱閉山後の苦難の道を乗り越え、島の活性化の切り札としてリゾートの再生に賭ける決意をされた経緯が表明され、私の心を熱く震わせた。

――私どもは一九七二年の炭鉱閉山後、町おこしの灯を点《とも》してくれた「ルネサンス長崎・伊王島」の灯をどうしても点し続け、なんとしても伊王島の発展を図りたいという一念で、努力してまいりました。その結果として昨年、全施設を町が取得し、改装を施しまして温浴施設などの装いも新たに、町営の「やすらぎ伊王島」として再スタート。地域の活性化はもとより、一〇〇名以上の雇用を実現できる場として、地域振興の一翼を担えることになりました。これは伊王島住民にとって、この上ない喜びであります。

さらに今年は、新たに掘り当てた天然温泉を生かして島の魅力を引き出し、リフレッシュの場、いやしの場、楽しみの場として、多くのお客様に満足していただけるサービスが提供できるものと確信しております。

本町は、定住者と訪問者が交流するリゾートの町、定住と交流の〝ハイブリッドリゾート伊王島〟を町の将来像として掲げ、今後も町の振興を図っていく所存ですが、「長崎温泉やすらぎ伊王島」は、本土との懸け橋となる「伊王島大橋」とともに、その役割を果たしてくれるものと期待と希望をふくらませています。

どうぞ、これからも「長崎温泉やすらぎ伊王島」の末長い繁栄のため、一層のご

再生へ、スタートダッシュ
テープカットを終え、晴れやかにグランドオープン。お出迎えするスタッフと詰めかけるお客様。

指導、ご支援をたまわりますようお願い申し上げてご挨拶といたします——。

大勢のゲストと一緒に「鏡開き」に加わらせていただいた私は、「長崎温泉　きれいな海と四季旬味　やすらぎ伊王島」の本格的な稼働にあらためて気を引き締め、お客様に本当に満足していただける施設とサービスの提供に全力を尽くそうと決意した。

なお、グランドオープンに先だって行われた金子原二郎長崎県知事と私の対談が、後日、県の広報誌に掲載されたので再録させていただき、この章のまとめとしたい。

「伊王島リゾートの再生」～長崎県知事との対談から～

＊成長のカギは「総合プロデュース」

金子県知事（以下、金子）／加藤社長には、伊王島リゾート施設の再生を引き受けていただき、本当にありがとうございます。お会いするたびに感じますが、新しい発想にはいつも感心しています。まだ三〇代という若さでここまでやってこられたことも驚きです。

加藤／ありがとうございます。実は、学生時代すでに事業に携わり、父の死で、二十二歳の卒業と同時に経営を引き継ぎまして、もう十七年になります。

金子／二十二歳の社長就任は、ご苦労も多かったでしょう。しかし、それから十年で年商を三〇倍にし、百億円企業を築かれましたが、その成長の秘訣についてお聞かせください。

加藤／カトープレジャーグループには直営のホテルやレストランもありますが、特徴は「総合プロデュース事業」です。これはホテルなどのオーナー様から依頼を受け、市場調査から事業計画、設計・施工、運営に至るまで事業をトータルに請け負い、かつ収益を保証するというものです。お引き受けした事業に対して「責任をとる」のではなく、「責任を果たしていく」ことをモットーにやっております。

金子／事業がうまくいかない場合に責任をとるというのはよく聞きますが、事業を成功させることが責任を果たすことだという信念で、実績をつくってこられたのでしょうね。

加藤／これまでプロデュースというと、単に事業立ち上げまでの企画、あるいは立ち上げてからのイベント企画という面が強かったのです。私は、プロデュースという仕事はそれだけでなく、事業を成功に導く仕事だと思っています。

プランナーの仕事は多くが分業制で、自分の受け持ちにだけ責任を持てば良かった。そうではなく、自らリスクを背負いながら事業のすべてを総括的に創造していく失敗の許されない仕事、それが「総合プロデュース事業」です。結果偏重主義と言われることもありますが、そのくらいでなければ、今は勝ち残っていけません。

金子／それは、今私が進めている県職員の意識改革や、仕事への取り組み方の改革に通じるものがあります。長崎県という行政機関は、長崎県全体を総合的にプロデュースしていく役割を担っています。しかし、これまではいわゆる縦割り主義で、まずは自分の担当の仕事がうまくいけばいいというような面がありました。

そのため私は総合行政、一つ一つの組織は県全体のために連携してやっていかなければならないということをいつも言っています。そして、その仕事がどれだけ県民の生活に貢献できるかという成果目標を具体的な数値で決め、その達成のために努力するという仕組みをつくりました。また、スピードや現場主義が大事だということも言い続けています。

職員も初めはとまどいがあったと思いますが、仕事のやり方もかなり変わって、今では私の考えも浸透してきたと思います。

加藤／トップの信念が組織全体の熱い情熱となっていくところは、企業も行政も同じですね。

金子／ところで最近、地方自治体が第三セクターなどで設立・運営している施設の不振が大きな問題となっていますが、カトープレジャーグループは、この

「やすらぎ伊王島」以外にも、そういう施設の再建で実績を上げているのですか。

加藤／はい。「やすらぎ伊王島」のように、町所有の施設を私たちが運営する「公設民営」という方法は、この前に大阪府岸和田市や京都府園部町の温浴施設でもやらせていただきまして、順調に経営しています。不良債権化した建物や施設を再生していく事業を全国的に展開していましたので、ノウハウはありました。

＊四季を通じて楽しめる「やすらぎ伊王島」

金子／「やすらぎ伊王島」の前の「ルネサンス長崎・伊王島」は、炭鉱閉山以来沈滞していた町の活性化の切り札として計画され、十三年間運営されてきましたので、平成十四年一月に閉鎖になったときは本当に心配しました。
　なんとかしなければという思いで町も努力し、県もできるだけの支援をした結果、加藤社長のカトープレジャーグループにお引き受けいただき、新しく生まれ変わることができました。地元はもちろん、私も本当に喜んでいます。

加藤／こちらこそ、今回私どもにお任せいただき感謝しています。初めて伊王島を見せていただき、長崎港から船でわずか二〇分のところに、これだけ素晴らしいロケーションの島があり、立派な施設があることに驚きました。

金子／町民の皆様はもちろんですが、県民の皆様も大変期待しています。これまでの利用状況はいかがですか。

加藤／おかげさまで、昨年の夏は多くの皆様にご利用いただきました。冬場に入って、週末はいっぱいですが平日は今ひとつです。まだ夏型リゾートというイメージが強いのです。私は、これを四季を通じて楽しめるリゾートにしたいと考えています。

金子／先ほど、建設中の温浴施設を見せていただきましたが、ゆっくりくつろげそうな良い雰囲気ですね。天然温泉だとお聞きしましたが、これが完成すると、冬場もたくさんのお客様に来ていただけるようになるでしょう。

加藤／温泉は昨年掘り当てたのですが、九州でも有数の湯量に恵まれています。この三月六日には「長崎温泉　きれいな海と四季旬味　やすらぎ伊王島」として、グランドオープンの予定です。冬場の利用もぐっと伸ばしていきたいと意気込んでいます。

金子／以前、ここはどちらかというと若い層がターゲットでしたが、その点はいかがですか。

加藤／リゾート成功のカギは、県外からの観光客ももちろん大事ですが、何より地域の皆様に愛されることだと思います。幅広い年齢層の方に何度も気軽に来ていただき、ほっとしていただくリゾートをめざしています。

金子／「やすらぎ伊王島」というネーミングがぴったりだと思います。

加藤／ちょっと平凡すぎないかという意見もあったのですが、あえて直球勝負といいますか、コンセプトをそのまま名称にしました（笑）。キャッチフレーズも「きれいな海と四季旬味」と一言で分かりやすくしました。美しい海を見ながら旬の食材の料理を味わい、スポーツも楽しんでいただく。つまり、季節ごとの味わいと楽しさを体感していただきたい。そんな想いをこめました。

＊「見る」観光から「体験型リゾート」へ

金子／季節ごとに違った満足感があり、家族、グループ、若い方、高齢の方、それ

変わった伊王島
丁寧に拭き上げられたガラス。ゆきとどいたサービス。
施設にとって最も重要なのは人のパワー。接客のグレードがリピーターを呼ぶ。

ぞれの楽しみ方を提案すれば、四季を通じてまた行ってみようというリピーターのお客様を獲得することができますね。

加藤／最近は、観光の形態が「見る」観光から「感じる」観光に変わっています。伊王島というロケーションの中で、お客様がどういうシーンを期待しているかということを細やかに察知し、それを実現させるような体験を提案できればと思います。

金子／私も観光のあり方が大きく変化していると感じています。団体から家族や友人の小グループへ、名所を訪ねる旅からその土地の文化や食、自然を体験する旅へと流れは変わっています。

長崎県は、これまで観光資源に恵まれていたこともあって、そういった対応が遅れていました。私は観光の振興、いわゆる観光立県を打ち出していますが、これまでの観光資源を有効に使いながら、さらに時代の流れに沿った観光地づくりや、もてなしの心で受け入れる体制をつくっていこうと、一生懸命取り組んでいます。また、長崎県は「日本一島の多い県」ですが、加藤社長がおっしゃるように、島というとどうしても夏のイメージです。島を活性化するには交流人口、つまり観光の振興が大事ですが、これをいかに通年化していくかが大きな課題です。

加藤／「やすらぎ伊王島」について申しますと、夏は海水浴の家族連れのお客様がメインです。春から秋は地元と協力して、ヨットやスキューバダイビング、釣りなどのマリンスポーツが楽しめるツアーを、そして秋と冬は温泉。それらに旬の料理を組み合わせたパックを考えています。

お客様のニーズにお応えできる提案をしていくことに尽きますが、料金的にも一泊二食でお一人様七千五百円からのプランをご用意し、専用の無料送迎船も運航しています。

金子／何度でも足を運んでいただくためには、価格と便利な交通手段が本当に大事です。最近は海外旅行のパックが驚くほど安くなっていますから、ちょっとそこまでという感覚で海外に出かける方が増えています。これからの観光地は国内はもちろん、海外との競争にも勝ち抜いていかなければなりません。

加藤／とくに若い人たちは価格に敏感ですね。たとえば、ソウル二泊三日がシーズンによっては三万円前後。この金額で海外旅行ができる。これではイメージだけで負けてしまいます。

この「やすらぎ伊王島」の価格も他に負けないよう頑張って、なおかつ満足でき、そして、また来たくなる。そこを目指して、工夫しながらやっていきたいと思います。

金子／佐世保市のテーマパーク「ハウステンボス」再生のカギも、やはりリピーターです。東京ディズニーランドが一人勝ちで、大阪のユニバーサルスタジオジャパンが苦戦しているのも、リピーターを獲得できているか否かの差だと言われています。「繰り返し何度でも」というのは、どこのリゾートにも共通するキーワードです。

加藤／おっしゃるとおりです。「やすらぎ伊王島」でも、サポーター的なヘビーユーザーを獲得できるように努力していくつもりです。

金子／私は今日、定期船で来ましたが、港から見る長崎の景色は何度見ても素晴らしいと思います。美しい景色を眺めながら束の間の船旅を楽しみ、伊王島で何かを体験して温泉と食事でくつろげるというのは期待できます。

＊観光県・長崎の課題について

金子／昨年十月に大手広告代理店が、全国の都道府県のイメージ調査をしました。その中で長崎県は「好印象度」で全国十二位、「行ってみたい」ランキングでは五位でした。これは長崎県の観光の潜在的な力を示していると思います。しかし、結果を見て満足するだけでは将来につながらないと思います。

長崎県には歴史や文化、自然、豊富な食材や地場製品、どれをとってもよそに負けない資源がありますが、残念ながらまだ知られていないものがたくさんあります。これらをもっと高めて、全国に絶えず情報を発信していけば、一位になるだけの可能性のある県です。私が力を入れている観光立県も、そういう努力があって初めて実現できると思っています。

加藤社長は、大阪を本拠に全国を見ていらっしゃいますが、そういう視点から、長崎県の観光についてアドバイスはございませんか。

加藤／たしかに長崎県には、素晴らしい歴史や文化を感じます。しかし、先ほどもお話ししたように、今の観光客は何か体験できるものを求めています。たとえば、訪れた土地で何かをつくり、持ち帰る。そういった体験メニューがもっとあればいいと思います。それから、県内のさまざまな観光地が「線」でしっかりと結ばれること、つまりアクセスとコース化が大事だと思います。

その「線」にいくつもの選択肢があれば、それを組み合わせて三泊、四泊と滞在することができます。それには夜の楽しみという部分も欠かせません。ライティングとか、長崎らしい食事を遅くまでいただけるとか、夜のメニューづくりは大切だと思います。

金子／それは大事なことです。県の観光誘致は、これまでは行政サイドが中心に取り組んでいましたが、今は民間と行政が一体となって観光連盟を強化し、専門家を招いて商品企画をし、旅行代理店に売り込むことができる体制に改めています。

加藤社長がおっしゃった体験型観光や連泊対策にも力を入れていますが、

これにはやはり民間の知恵と努力が欠かせません。また、中国や韓国など東アジアからの誘致にも力を入れて、この分野では全国的にも注目されるほど頑張っています。

加藤／東アジアは世界最大の成長ゾーンで、ここに先鞭をつけたというお考えは素晴らしいですね。海外の友人に日本観光の印象を聞くと、決まって「物価が高い」と言います。でも、高い安いということでなく、その価格に満足できる価値があればいいのです。料金の設定幅は広いほど、いろいろなお客様に対応できます。価格も内容もお客様自身が選択できるような旅の提案が必要だと思います。

私たちKPGの経営理念を言うようで恐縮なのですが、お客様の喜びを追求し続けること。これこそ観光県であり続けることの条件ではないでしょうか。

＊行政に生かす「顧客」の視点とは？

金子／先ほどからお話を伺っていますと、加藤社長の経営理念が徹底的に顧客の視点から考えるという点にあることがよく分かりました。実は私も県庁職員に、常に県民の皆さんの立場で県民の皆さんの目線に立って仕事をすることが大事だと言っています。

加藤／行政はいわば最大のサービス業ですから、おっしゃるとおりだと思います。

金子／それともう一つ。民間の方の知恵やノウハウをどんどん行政に取り入れていくこともやっています。来年オープンする長崎県美術館と歴史文化博物館の運営には、新たに財団を設立し、民間の経験者を採用するなど経営感覚を取り入れ、さらにボランティアの方々にも参加、協力していただきます。

また、この美術館をはじめ、まもなくオープンする「水辺の森公園」が位置する長崎港周辺の再開発には、全国一流の専門家で構成する「アーバンデザイン専門家会議」を設置して、デザインという視点から、この区域をトータルコーディネイトしていただきました。これも従来の公共事業にはない新しい手法です。

加藤／美術館や博物館などの公共施設は、古い考えでは行政が市民に利用させているという面があったことは否めませんでした。この考え方ですと、どうしても利用者への対応が事務的になる。こういう分野では、やはり民間で運営・管理をした方がサービスレベルは向上し、経費も節減できると思います。

美術館や博物館は完全に採算ベースで考えるのは無理としても、センスの良いショップなどを併設して、そこも集客のポイントにするといった、ある程度の収益性も考えていいと思います。

金子／美術館も歴史博物館も単なるハコものではなく、地元の人に住んでよかったと思っていただき、県外の人にはそこを訪れたいと思っていただけるような、さまざまなソフトを備えた長崎県文化の情報発信拠点にしたいと思っています。
加藤／「やすらぎ伊王島」も、せっかくチャンスをいただいたので、地域の皆様に本当に喜んでいただき、雇用や地域経済への貢献を常に考えていきたいと思っています。それできちんと利益を出し、その分は法人税としてしっかり払わせていただきます（笑）
金子／それはとてもありがたいです（笑）。「やすらぎ伊王島」が大いに賑わい、KPGがさらに発展していくことを心からお祈りいたします。今日は貴重なお話をありがとうございました。

（長崎県広報広聴課発行「ながさき夢百景」第十八号より転載）

伊王島リゾートの再生

～キーワードは「成功するプロデュース」～

金子 原二郎
KANEKO GENJIRO

加藤 友康
KATO TOMOYASU

総合レジャー事業をプロデュースする「カトープレジャーグループ（ＫＰＧ）」。
現在全国各地で ホテルなどのレジャー施設を経営し大きな成功を収めている。
最近では、業績不振の公共事業の再生にも乗り出し、長崎県では、伊王島のリゾート施設（旧ルネサンス長崎 伊王島）の再生を託されている。
今回は、その経営手腕が全国の注目を集めているＫＰＧの最高経営責任者 加藤友康社長を迎え、躍進の秘訣や昨年７月にオープンした
「きれいな海と四季旬味 やすらぎ伊王島」の展開、長崎県の観光の論点などについて語っていただいた。

成長するＫＰＧ ～鍵は「総合プロデュース」

何度も足を運んでいただける「やすらぎ伊王島」に

行政に活かす「顧客」の視点

観光県長崎の課題

CHAPTER II

スーパーシティホテルの誕生
〜「東京第一ホテル福岡」の再生

1. ＫＰＧシティホテルの誕生

米国投資銀行と事業提携

さて、私たちのグループではCHAPTER Ⅰの「伊王島再生プロジェクト」に先立ち、二〇〇一年十二月からもう一つの再生事業を同じ九州の福岡市で立ち上げた。同月三日付の日本経済新聞朝刊がその動きを報じているので、一部を引用しておこう。

★請負ビジネスが拡大／運営を見直し、ホテル再生

――全国で、ホテルの運営を引き受けるビジネスが拡大している。中堅ホテル会社のカトープレジャーグループ（東京・渋谷、加藤友康社長）では、米投資銀行リーマン・ブラザーズとともにホテルの運営を請け負う合弁会社を設立した。

レジャー消費の低迷で経営難に陥るホテルが増える中、各社はコスト削減の徹底や営業強化などにより、収益力の向上を目指している。カトープレジャーグループは今月中旬までに合弁会社を設け、資本金一千万円のうち大半を出資。リーマン・

ブラザーズが国内で買収したホテルの運営を担当する。その第一号として、会社更生中の「第一ホテル九州」（大分市）が年内にリーマンに営業譲渡する「東京第一ホテル福岡」（福岡市）を手がけることになった――。

新聞記事特有の簡潔な文章のため、内容が分かりにくいと思うので、その経緯を時系列に沿って整理しておこう。

運営見直しホテル再生

請負ビジネス拡大

ホテルの運営を引き受けるビジネスが拡大している。中堅ホテル会社のカトープレジャーグループ（東京・渋谷、加藤友康社長）は米投資銀行リーマン・ブラザーズと運営を請け負う合弁会社を設立。ミサワリゾートは公共施設の運営を始めた。レジャー消費の低迷で経営難に陥るホテルが増える中、各社はコスト削減の徹底や営業強化などにより収益力の向上を目指す。

合弁会社が運営を引き受ける東京第一ホテル福岡（福岡市）

カトープレジャー 合弁設立し 5年後50件

カトープレジャーグループは今月中旬までに合弁会社を設ける。資本金一千万円のうち大半を出資する。リーマンが国内で買収したホテルの運営を担当する。五年後に五十ホテル、一万室の運営が目標。第一号として、会社更生中の第一ホテル九州（大分市）が年内にリーマンに営業譲渡する東京第一ホテル福岡（福岡市）を手掛ける。

カトープレジャーグループは国内外で十九のホテルを所有している。運営を引き受けるホテルについては料金割引など特典を与える会員制度を導入するほか、引受先には事前に決めた収益目標を保証する。

給食大手グリーンハウスは十五日から静岡県熱海市にあるホテルの運営を始める。年間七件程度の割合で他社から引き受ける件数を増やす計画で、系列の飲食店を入居させるなどして集客力を高める。

ミサワリゾートはこのほど国家公務員共済組合連合会（KKR）の「KKR旭川大雪荘」の運営を始めた。KKRは全国五十カ所でホテルなど宿泊施設を経営しており、ミサワは他の施設も手掛ける方針だ。

ホテル大手のホテルオークラは来年四月から第一ホテル東京ベイ（千葉県浦安市）を運営。ロイヤルパークホテルズ&リゾーツ（東京・中央）も運営を引き受けることで今後二、三年内に十件程度をグループ入りさせる計画だ。

ホテル・旅館の倒産は今年、過去最悪のペースで推移している。ただ、経営次第では再生できる施設もあり、他社に運営を任せるケースが増えそうだ。

2001.12.3 日本経済新聞

まず、阪急電鉄の一〇〇％子会社で、経営難から会社更生中だった「第一ホテル九州」が、同年十一月十五日付で更生手続きを完了し、更生債権を一括弁済するとともに、「東京第一ホテル福岡」を米国の大手投資銀行リーマン・ブラザーズに営業譲渡する基本合意に達した。

そして、リーマン・ブラザーズはこの譲渡にともない、カトープレジャーグループと共同で、ホテルの運営を行う合弁会社「株式会社ケー・エル・コラボレーション」（本社東京・渋谷、資本金一〇〇〇万円）を設立したのである。

外国資本の評価方式

バブル崩壊後の日本には、外資系の金融機関や機関投資家、年金資金などを主体とする外国資本が次々に流入し、破格の安値で日本の不動産を取得し、通常の数十倍もの利益を得ていることは周知の事実である。

たとえば、バブル期に飛ぶ鳥を落とす勢いだったゴルフ場も、バブル崩壊によってその多くが破綻した後、外資系金融機関やファンドが相次いで買収し、経営の再建に乗り出した。その結果、ゴルフ場の勢力図は数年前から一変し、二〇〇二年現在、国内ゴルフ場保有数の首位は、米国証券業界大手のゴールドマン・サックスが占めている。同社は、これまで接待中心の高級社交場のイメージが強かったゴルフ場を、個人のリピーター客を対象とする低価格のレクリエーション施設として再生させる計画を進めている。

私は、近著の『日本ビジネスマンウィルス』（元就出版社刊）にも記したように、外国資本に席巻され続ける日本の現状に「危機感」を持つ一方で、彼らのビジネス手法には大いに学ぶ点があると思っている。

たとえば、日本の金融機関はいまだに不動産担保に頼って融資する姿勢を変えていないが、外資系金融機関や投資家が投・融資において最も重視するのは、その事業の将来性や、事業主のプランニング及びオペレーション能力である。常にキャッシュ・フローベースで事業を評価し、投資効率を最優先で考える彼らにとっては、

東京第一ホテル 福岡へのアプローチ
イメージの刷新を図り、集客をめざす。新しい、都市型スーパーシティホテル。

将来どんなに資産価値がある物件でも、今、一円も儲からない不動産の価値はゼロに等しいのだ。

これに対して、あたかも封建時代の「土地本位制」を引き継いでいるかのような日本の金融機関は、依然として不動産の「担保価値」しか見ないが、それは、いかに彼らが特定のプロジェクトの事業性や将来性を見る目を持っていないかの証明である。少なくとも、そのことをもう少し恥ずかしいと感じてほしい。

最近はこうした金融風土にも変化が現れ、無担保・無保証で事業の可能性に投資しようという動きが一部に出てきた。それ自体は喜ばしいことだが、日本の銀行のエリートコースにいた人々が外資系金融機関にスカウトされ、高給で働く姿もよく見かける。

ちなみに、私がリーマン・ブラザーズ社とジョイントし、東京第一ホテル福岡の事業再生に取り組もうと決意したのは、以前から私自身、従来のシティホテルやビジネスホテルとは一線を画す「スーパーシティホテル」をつくってみたいと思っていたからである。そのためには、既存の施設のキャッシュ・フローをどうアップし、不動産価値を向上させるかがポイントになる。全施設のインフラを点検するだけでなく、運営のソフト面についても全面的に見直す必要があったが、こうした考え方においてリーマン・ブラザーズと基本的な合意に達したため、合弁会社設立に踏みきった。

2.「スーパーシティホテル」の創造を目指す

深刻な不況にあえぐホテル業界

しかしながら、最初にこの案件について相談された時、私は引き受けるべきかどうか大変迷ったということを、申し上げておきたい。なぜなら、ホテル業界の中でもシティホテルは最も難しい業態の一つだと感じていたからだ。

その理由については追い追い記していくが、もともと「ホテル」という言葉は、古代ラテン語の「ホスペス」や中世ラテン語の「ホスピターレ」などに由来する。ホスピターレとは〝巡礼や参拝者、旅人の宿泊する大きな家〟という意味で、今日の病院（ホスピタル）の語源も同じである。要するに、ホテルというのは〝人々が安心して休み、心身のリフレッシュを図れる場所〟という意味なのだ。

その後、実際にホテルという名称が用いられたのは十八世紀のフランスで、やがてイギリスでも使われて大衆化するが、本格的なホテルの第一号は、十九世紀初頭にドイツの温泉保養地バーデン・バーデンに建てられた「バーディッシュホーフ」だと言われている。

日本では、東京オリンピックをきっかけにホテルの建設ラッシュに伴う「第一次ホテルブーム」が起き、それに続く高度経済成長期には、大阪万博やジャンボ機就航に伴う「第二次ホテルブーム」が起きた。さらに一九七五年頃から九〇年代前半まで、〝イベントなきブーム〟と呼ばれた「第三次ホテルブーム」が起きている。

三度にわたるブームの中で急成長を遂げ、欧米の経営ノウハウを採用した日本のホテルは、レストランやバンケット、宿泊施設、そしてフィットネスクラブまで、現代の都市機能のすべてを内包するかのように発展。オペレーション面でも「サービス業の極致」を体現する存在と見なされてきた。

しかし、その隆盛はバブル景気の崩壊によって一挙に暗転し、現在では、宿泊・飲食・宴会のいずれにおいても苦戦を強いられている。この業界の不況を物語るエピソードは数多いが、全国主要ホテルの客室稼働率は六〇％前後まで落ち込み、バンケット部門も、バブル期には毎日のようにあったパーティが急減。豪華なシャンデリアで飾られたバンケットルームに灯が点る日はめっきり少なくなった。まさに〝昔日の面影、今いずこ〟である。

ホテルマンの「プライド」とセクショナリズム

私は、こうした苦境にあるシティホテル業界の第一のネックは、ホテルマンの「プライド」の持ち方にあると思っている。

一例をあげれば、私がきちんとスーツを着て行きつけのホテルに入っていけば、うやうやしく「加藤様」と呼ぶドアボーイが、普段着で私と認識できない場合は、とたんに愛想がなくなる。こうした対応は間違っており、ホテルのステータス・イメージを維持することは大切だが、すべてのお客様に公平な対応をするようにしなければならない。

また、大手のホテルには細やかなサービスをする優秀なコンシェルジェがいるが、彼らはホテルの経営や財務について驚くほど無知である。一方、財務や経理などの事務関係のスタッフは、ホテルマンとしてのセンスが欠けている場合が多い。

さらに言えば、シティホテルのキッチン（厨房）では料理長が大きな権限を持ち、他のセクションスタッフが踏み込めない「聖域」をつくっている。本来なら店長と料理長がよく話し合い、お互いに切磋琢磨して店を盛り上げなければいけないはずである。

和食の料亭においても女将が板前に気を遣いすぎる店では、お客様に本当に喜んでいただける料理を出すことができない。女将が無断で厨房に入り、冷蔵庫でも開けようものなら、包丁の一つも飛んで来るのが料理人の世界だが、そんな壁を打破する相互信頼のコミュニケーションがなければ、その店はいずれつぶれてしまうだろう。

私たちのグループにも年季の入った料理人がたくさんいるが、私は彼らとよく話をし、店全体の雰囲気を良くするためにはパントリーのスタッフからお客様の要望を聞くことも大切だと伝えている。それら私の要望を理解してくれる彼らの懐の深さに感謝している。もちろん、シティホテルの運営では立地条件はもちろん、プランニングやマーケティング、オペレーションなど、すべての要素が重要だが、それらに優先するのがホテルマンの質とプライドの持ち方ではないか。日本のシティホテルがかかえる課題は、そのことに集約されるような気がしてならない。

シティホテルのスペシャリティストア化

ところで米国ではSafety（安全）、Service（サービス）、Silence（静寂）、Speciality（個性）の「4S」が一流ホテルの条件だと言われている。これに対してヨーロッパでは、Clean（清潔）、Cuisine（食事）、Comfortable（良い居住性）の「3C」が良いホテルの最低条件だと言われる。

二つの定義を合成すると、安全で清潔、静かな居住性が確保された客室と個性的なレストラン、心のこもったサービスこそ、一流ホテルの条件だということが分かる。

それに加えて、これからのホテルはその国の文化水準を反映する存在として位置づけられ、イキイキとした旅の感動を高める役割を果たさなければならない。旅先でくつろぎの時を過ごすため、少しでも良いサービスを受けられるホテルを選ぶのは、旅の楽しみの一つだが、実際には日本全国どこへ出かけても同じようなホテルが多く、せっかくの旅の印象が希薄になる一方だ。

とくに全国展開のホテルチェーンは、建築効率を重視するあまりに建物の画一化を促進し、建築デザインや内装を定型化。どの部屋の家具もみんな同じで、変わり映えのしない複製絵画がかかる空間を大量につくっている。部屋のアメニティ類やレストランのメニューも類型化し、前日泊まった別の地域のホテルに連泊しているような錯覚さえ起こさせる。

ホテルマンの服装や態度、サービスも画一的なホテルでは、旅の思い出をつくることはむずかしく、非日常的な空間にふれる楽しみを求めることはできないだろう。

ふりかえってみれば、現代人はさまざまな機会にホテルを利用するが、三次にわたるホテルブームの原動力は、いわばホテルの〝大型デパート化〟だった。顧客の多様なニーズを吸い上げ、いろいろな施設を組み合わせて売上げを伸ばしてきたが、それぞれの個性が相殺される中で、さらなる画一化が進行したと言えよう。

しかし平成不況を経て、多くの人々が個性的な生き方の表れとして、本当に必要なサービスや商品を選択する傾向が広がるにつれ、シティホテルの〝専門店化〟時代が到来した。これからの時代のホテル経営は、顧客の切実なニーズをしっかり踏まえて、どんなサービスや商品を提供すべきか明確に把握し、時代の半歩先のニーズを取り込み、他のホテルとの差別化を図ることが重要になるだろう。

恵まれたパートナーと友好的な関係を築く

私が、シティホテルの運営を手がけるかどうか迷った第二の理由は、宿泊やバンケット、レストラン、ブライダルなど、さまざまなハードを取り揃えなければならないだけでなく、必ずどこかの部門で大きなマイナスが生じていて、それを他の部門で穴埋めする構造があるからだ。そうした相互依存的な体質を根本的に変えないかぎり、うかつに手は出せないというのが正直な感想だった。

そんな事情を承知の上で、私たちが「東京第一ホテル福岡」の再生に取り組もうと決意したのは、リーマン・ブラザーズとのパートナーシップを築けただけでなく、管財会社である阪急グループと友好的な関係を結ぶことができたからである。

阪急グループの総帥で、宝塚歌劇団や東宝の創始者である故・小林一三氏は、常々、日本旅館への不満を解消するホテルをつくりたいと考えていた。そして、「ホテルが生活の必需品であるという認識を持ってもらえる、実生活に則した新しいホテルをつくる」理想に燃え、一九三八（昭和十三）年に日本初の大衆向けホテルとして、「新橋第一ホテル」（東京・港区）をスタートさせた。

当時の日本には、一部の特権階級や外国人を対象にした豪華ホテルしかなく、一般庶民が気軽に利用できるホテルは皆無に近かった。そのように利用層が限られていては、ホテルに産業としての発展を期待することができないので、同ホテルは初めて「低料金と快適サービス」を売り物に営業を始めたのである。

このように、日本ホテル史上に不滅の意義を刻む新橋第一ホテルは、一九八九年に半世紀に及ぶ営業を終え、一九九三年四月に「第一ホテル東京」と改称。阪急グループの基幹ホテルとして、装いも新たに生まれ変わった。

一方、「株式会社ケー・エル・コラボレーション」では、「東京第一ホテル福岡」の再生に当たり、総合的な判断によりホテルの名称をそのまま使用し、名門ブランドの訴求力を活用することを決定。旧スタッフとのミーティングでは、彼ら自身が現状の経営の弱点を自覚し、破綻に至った経緯を反省する中で、事業再生に全面的に協力したいと申し出てくれた。その過程で第一ホテルに対する愛着が熱く語られたが、阪急グループのバックアップのおかげで、KPGのスタッフとのスムーズな融和が図られたことは感謝にたえない。

彼らの言葉に勇気を得た私たちは、雇用を基本的に保証するとともに、各自の能力向上を図る教育研修プログラムを導入。従業員の総力によって付加価値を高め、従来のホテルとは一線を画す「スーパーシティホテル」の創造をめざすことになった。

そのため、宿泊やレストラン、バンケット部門の改変・強化を図るとともに、赤字をかかえた館内のテナントをそのまま続行させるか、それとも直営システムを導入するか。その決断を早期に行い、デッド・スペースを解消しなければならなかった。二〇〇三年夏から半年ほどかけて実施した大規模リニューアルは、こうした目的に沿って同ホテルを変身させる作業となった。

3.「東京第一ホテル福岡」のリニューアル

ニュースタイルホテルの提案

JR博多駅から地下鉄で五分、福岡空港からも地下鉄で十二分の距離にある「東京第一ホテル福岡」は、九州随一の歓楽街・中洲の中心部に位置。玄関から一歩外に出れば、ショッピング街の「天神」や「リバレイン」「キャナルシティ博多」など見所がいっぱいで、夜は色鮮やかなネオンが川面にきらめき、昼間とは一味ちがったにぎわいを見せてくれる。

こうした有利な立地条件と、名門ブランドに恵まれた同ホテルは基本的にビジネスユースで、全国から出張などで利用するお客様が大半を占めている。

このことを踏まえながら、いわゆるビジネスホテルの過去と現在について少し考察してみよう。

かつてのビジネスホテルは高度経済成長の進展の中で、通常のホテル機能を圧縮し、狭い空間にコンパクトなシステムを装備することによって全国に普及した。しかし、シングルルーム五〇〇〇円～六〇〇〇円の低価格にこだわるあまり、狭い客室内は次第に無味乾燥なものになっていった。

低価格の設定には意義があり、今も一定のマーケットを有しているが、お客様の美意識や感性が高まり、ホテルの個性をアピールすることが重要な現代では、顧客ニーズとのギャップが広がっている。

こうしたギャップを解消し、新たなビジネス客を獲得するには、従来の枠組みにこだわることなく、新たな視点でビジネスホテルの構成要件をチェックしてみる必要がある。

たとえば、ヨーロッパでは都市型ペンションをよく見かけるが、ここで提供されるのは清潔なベッドであり、経営者夫婦の自慢の朝食である。サービスは家内労働が中心だが、本来、ホテルというのは人と人との交流の場である。都市部でもしっかりしたシステムを導入し、個性的なホテルにすれば低価格を実現でき、宿泊産業の裾野を広げることができるかもしれない。

また、ビジネスユースに限って言えば、これからのホテルではさまざまな情報ネットワークへの対応が必須となる。パソコンやファクシミリ関連のサービスは当たり前になっているが、複合VANやインターネットなどを通じて、鉄道や航空機のチケットを手配し、旅先でのコンサートや観劇の予約なども一括処理するシステムが求められるようになるだろう。

今後、多くのホテルは《情報基地》としての性格を強めることによって、顧客が快適にビジネスを行い、楽しく余暇を過ごすことを手助けするサポーターとしての役割を果たすことが求められるにちがいない。

「スーパーシティホテル」のコンセプト

東京第一ホテル福岡は、中洲という九州一の繁華街の中心に位置し、その利便性において申し分ない立地だが、ホテルの周辺地域は、かつて繁栄した呉服町や川端商店街の衰退とともに、往時の活気を失っている。

今回の再生事業は単なるホテルのリニューアルにとどまらず、この中洲地区にま

Before

After
デザインを一新
ファーストインパクトを与える正面玄関。幾度となく繰り返し錬られたデザインワーク。
夜の美しさは、界隈でも秀逸。

ったく新しい、初めての概念を持つホテルを生みだす試みに他ならない。そのため、スーパーシティホテルの個性とオリジナリティをデザインとオペレーションの両面で大胆に打ち出し、確固たるブランド性の確立をめざすことになった。そのリニューアルにおいて、私たちが設定した基本コンセプトは次の二つである。

①そこへ行きたい「欲望」と、行かなければならない「義務」の両方を満足させるホテル

②その施設、場所、機能、サービス、レストランなどのすべてが、「お客様の価値観」の価格に合ったホテル

私たちはこの二つのコンセプトを追求することによって、スーパーシティホテルのビジネスモデルとブランドイメージを確立したいと考えたが、そもそもスーパーシティホテルとはどんなホテルなのか。以下に、その具体的なイメージをまとめておこう。

《サービス》

通常のシティホテルに見劣りしないサービスを提供し、さらに柔軟な発想でお客様に各種サービスを提供する

《宿泊ターゲット》

ビジネスマン

《バンケット&レストラン》

地元密着型で、和洋両形式を採用。早朝から深夜まで営業し、旬の食材を生かす料理に特色を持たせる

《ステータス》
価格帯はビジネスホテル並みに抑えるが、ブランドイメージにある種のステータスを感じさせること

インテリアコーディネイト

エントランスにつながるロビーは既成概念に縛られることなく、ホテル全体の中核となるデザインを工夫するとともに、ビジネスホテル風のチープな印象を一掃。

ロビー・フロント -Before

ロビー -After

フロント -After
コンフォート感を生み出すインテリアコーディネイト
お客様におくつろぎいただくには…。ライティングには細心の注意を払い、間接的なものを多用した。

ある種の高級感とステータスを感じてもらうため、フィリップ・ハンセンがデザインしたスワンチェアーなどを配置し、雰囲気のグレード・アップに努めた。そのリニューアルは、スーパーシティホテルとしての個性と品格を打ち出す演出で、もう少し詳しくその特徴を見てみよう。

①二十四時間、いつでもルームキーを返却できるフロント

〜「前払い方式」を導入して会計時間を削減し、通常のチェックアウトタイムの混雑を避ける

〜お客様はいつでもチェックアウトできるので、さまざまなビジネス形態に柔軟な対応ができる

②以下のような機能をフロントで集中管理する

〜高級ホテルでしか行っていないコンシェルジェ機能

〜ビジネスマンに必要な物品を販売するコンビニエンスストアのレジスター機能

〜バンケットとブライダルのお客様への対応機能

〜顧客管理から各種予約業務、客室管理など、フロント業務全般をカバーできるソフトウェアは、世界一二三ヶ国、八一〇〇軒以上のホテルやリゾートに導入されているシステムで、その実績は折り紙付きである

ニュースタイル レストラン

一般に、シティホテルの売上は客室部門と、レストランやバーなどの料飲部門、そしてバンケット（宴会）部門の三つで構成される。都内の大手ホテルを例として、およその比率を単純に比較すると以下のようになる。

客室部門　二〇～三〇％
料飲部門　二〇～三〇％
宴会部門　四〇～六〇％

客室部門の売上高は客室数によって変わり、料飲部門もレストランやバーの施設数、直営かテナントかによって売上が変わるが、多くのホテルにとって料飲部門と宴会部門がいかに重要かが分かるだろう。

とくに今回のリニューアルで、私たちが非常に重きを置いたのはレストラン部門の改革である。ホテルの一階には、一九七五年から二八年間にわたって営業を続けてきた「クレオール」というレストランがあり、主に宿泊客への朝食サービスに利用されていた。

私たちは、このレストランのコンセプトを〝お客様のために、自分たちのために笑顔でがんばるレストラン〟と設定し、売上とサービスの向上を図ることに全力を注いだ。

その業態を〝テーマ性のあるカジュアル・ダイニング〟と想定した私たちは、朝・昼・午後・夜と時間が推移する中で、レストラン空間が微妙に変化していくよう、間仕切りや照明などに工夫をこらした。その空間は一人でもくつろげる壁際のソファテーブルと、ビュッフェコーナーの二つに仕切られ、それぞれに特徴的なデザインと配色を施してある。

こうしてイメージを一新し、「DRESS DINER（ドレスダイナー）」と命名されたレストランは、毎朝七時から翌朝五時三〇分までの二十二時間半営業を敢行。朝食と昼食のバイキングをはじめ、アフターランチからディナー・バーまで、それぞれ独自のコンセプトを掲げ、より多くのお客様に来店していただけるよう工夫をこらしている。それぞれのコンセプトとメニューの概要は、以下のとおりである。

A　朝食バイキング（午前七時～十一時）

～〝当たり前の朝食が美味しい、また来たい朝食バイキング〟がコンセプト。

こだわりを感じさせる美味しい食材の提供を常に考え、品数は減らしても納得できるメニューを出す。九州特産の総菜など、四〇種類以上をそろえた。

B　ランチバイキング（午前十一時～午後二時）

～コンセプトは〝いつ来ても、ここだけにしかない味と安心できるサービス〟。

パスタやピザ、ホット料理、サラダ、スープ、デザートなど、四〇種類以上を食べ放題。ドリンクバーも付いて、税込み一〇〇〇円の割安感が魅力だ。

C　カフェ・アフターランチ（午後二時～五時）

～ちょっと遅めのランチや、友だちとのティータイムなどにふさわしい、リーズナブルな大人のファミレス。とくにOLや女性客が気軽に立ち寄って楽しめメニューや雰囲気づくりをめざす。

D　ディナー&バー（午後五時～翌朝五時三〇分）

～〝食の極致を極める味とサービス〟がコンセプト。これまで実施していた食べ放題シリーズを廃止し、新たなテーマ性のあるディナーレストランに業態を変更。新メニューの開発による話題づくりなどを通じて、売上の大幅アップをめざす。

レストラン -Before

レストラン -After

重要な食の提案①
ドレスダイナー
再生のキーとなる“食”。
ドレスダイナーは、心地良さと利便性を追求。これまでの都会型ダイニングバーのイメージさえも変えた。

DRESS DINER

こうしたリニューアルの結果、昨年度（二〇〇三年）の「ドレスダイナー」の売上は、改装前（二〇〇一年）の約一・四倍までアップさせることができた。今後も、さらにお客様に喜んでいただける個性的なレストランにする努力を続けていきたいと思っている。

一方、地下一階には和食のレストランがテナントで入っていたが、私たちはこれを思いきって直営の和食レストランに切り替えた。

シティホテルには洋風のバンケットやレストランが多いが、東京第一ホテル福岡のお客様は、九州各地から出張で福岡へやってくる方々である。そういうお客様の場合、やはり差しつ差されつ、和室で鍋料理を囲んで宴会をやりたいというニーズが多い。

その点、広いスペースがとれる地下一階なら、大小の宴会への対応も十分できる。そのことに着目した私たちは、地元・博多の旬の食材を使う和食レストラン「磯火焼・博多廊」を新たにオープンした。個室六部屋に座敷一部屋（五〇名様まで収容）、磯火焼コーナーやカウンター席も完備したこのレストランには、九州各地の隠れた銘酒も多数とりそろえ、手頃な価格で楽しめる店として知られるようになってきた。

また、忘年会や新年会向けプランとして「九州の味厳選コース」と銘打ち、九州北部と南部の名物コース料理を提供するなど、お客様のニーズに徹底してこだわるメニューとサービスによって、博多の穴場的なレストランに成長しつつある。

リピーター戦略

ホテル業務の中核となる客室については、創業以来二十八年の歴史を経て、老朽化が進んでいる部分もあったが、古くても小ぎれいで機能性が高く、居心地の良いサービスが受けられることをコンセプトとし、いかにリピーター客を増やすかを基本戦略に据えた。

そのため、ＤＭＣ（第一ホテルチェーンの個人会員）やＤ－ＬＩＮＥ（インター

重要な食の提案②
博多廊
産地にこだわり、食材を厳選。豊富なメニューと趣のある内装で"わざわざ店"として受け入れられている。

ネット予約）を有効活用し、チェーンホテルとの情報交換や、顧客へのメール配信やイベントなどにも積極的に参加。パンフレットに記載するロゴマーク（通称、エイチワンマーク）も含めて、歴史ある第一ホテルのブランドイメージを最大限に生かすことにした。

機能的で、センスアップした部屋づくりに欠かせないのはインターネットなどのIT環境の整備で、ホテル独自のホームページを立ち上げることにより、中洲周辺の飲食店やエンターテイメント情報などをお客様に提供することも計画中である。

これらに加えて重要なのは、他のホテルにないルームサービスを強化することで、ビジネスマンがホテルに宿泊して必要となる物やサービスのすべてを提供することが基本となる。

そのため、ホテルの一階に小規模なコンビニエンス・ストアを設け、季節商品も組み込みながら、街のコンビニと同じ価格設定を行う。店舗での直接販売も行うが、お客様がフロントに電話で注文すると、二十四時間体制で商品を部屋に届けるルームサービスが特色である。

ちなみに、一日の疲れをいやしてくれるはずのホテルの客室で、小さな浴槽に身をかがめて、窮屈な思いをしながら体を洗うユニットバスに疑問を感じる方も多い。そこで、東京第一ホテル福岡では、九州で一番の実績を持つ「あかすり本舗」を三階に誘致し、約八〇坪のスペースに「岩床浴」とサウナ、あかすりマッサージのスペースを新設。狭い浴室に対するお客様の不満を解消してもらうことにした。

近年は、福岡でもシティホテル間の競争が激化しているが、他のホテルと違うこれらのサービスを提供することによって、より多くのリピーター客（＝そのホテルの固定ファン）を獲得したいと考えている。

多機能　バンケットホール

前述したように、ホテル営業の三部門（客室、料飲、宴会）中、最も売上比率が高いのは宴会（バンケット）部門である。

一口に宴会と言っても多種多様で、個人の場合は入学式や卒業記念、結納や結婚

フロント -Before

フロント -After
フロント リニューアル
多機能であること。お客様のご要望にお応えできていること。
快適なご利用を求めて、リニューアルされたフロント。

披露宴、銀婚式や金婚式、還暦や古希、喜寿、米寿などのお祝いから、一周忌・三周忌などの法事まで、冠婚葬祭の行事のほとんどが含まれる。企業や団体などの法人が利用する場合は、会社の設立や新製品発表会、新社屋や工場の落成記念、社長就任パーティ、ファッションショーや各種展示会などがあげられる。

宴会の特色は、二～三時間の限られた時間内に飲食とそれに伴うサービスを提供することで、一〇〇坪の宴会場での立食パーティには二〇〇～二五〇人のお客様を収容することができる。

積極的な営業活動と顧客管理を行えば、半年から一年後の売上の見通しが立つため、どこのホテルもバンケット営業を強化しているが、売上高に比例して人件費や原材料費のコストも高くなる傾向があるので、注意しなければならない。

とくにバブル崩壊以後は大型の企業宴会が激減し、開催するにしても総予算を抑えるケースが増えている。それを受注するホテルは、多少利益が薄くてもとにかく受注することを重視するため、価格のダンピング合戦が起こり、自ら首を絞める結果を招いた。こうした価格破壊は宴会だけでなく、宿泊料金やレストランの価格まで押し下げる結果になるので、十分気をつけなければならない。

私たちはこうした事情を踏まえた上で、東京第一ホテル福岡の二～四階にある宴会場と、休業中のテナント・スペースを全面的に見直し、最小限の改造・改装によって効率的なバンケット会場にリニューアルすることができた。

まず、ホテルの二階は三つのテナントとロビーで構成されていたが、これを直営の洋風宴会場及び会議場として整備し直すことを決定。照明器具を入れ替え、クロスや絨毯を張り替えることによって大きく印象を変えた。そして、インターネット設備や会議用プロジェクターなどを導入し、「スーパー会議室」としての認知度を高めながら、各種会議と宴会のセット販売に力を入れている。

四階には、二〇名様まで収容できる小会議室兼宴会場があったが、私たちはこれをやはり「スーパー会議室」に改造し、積極的な営業攻勢をかけることにした。そのためインターネット設備を完備し、コピー機やホワイトボード、ビデオプロジェクターなども常設。場合によっては、遠隔地とのテレビ会議も可能な設備を整えた。

ここで重要なのは福岡の地域性で、東京や大阪に本社を置く企業の支店が非常に

バンケットルーム -Before

バンケットルーム -After
バンケットルーム リニューアル
お客様のあらゆるご要望に対応できる環境を考慮し、リニューアルされたバンケットルーム。
スーパー会議室として企業のリピーターも多数。

多い「支店経済」が第一の特徴。福岡以外の九州各県に、複数の営業所を配置する企業が多い「営業所経済」が第二の特徴である。そのため、本社の会議は東京や大阪で開催されるが、九州支店の五～二〇名規模の会議は福岡市内で数多く行われている。ところが、福岡市内の他のホテルで会議場を借りると、非常に高額な料金を請求され、会議に必要な機器類にも高額な使用料を取られるので、多くの企業が公的な施設や使い勝手の悪い会場を利用している。こうした問題にスポットを当てて潜在需要を掘り起こせば、会議場の使用だけでなく、会議中の飲食やその後の宴会、宿泊への波及効果も十分考えられる。「福岡でやる会議・宴会・宿泊パック」（四名様以上。一名様二万円）といった新商品を設定するのも容易である。

「ダイナミックプラン」が人気のブライダル

バンケット営業のもう一つの柱はブライダル（結婚式と披露宴）である。どこのホテルでも、ブライダルの売上は通常の宴会の約二倍となるが、どこの地域でも披露宴にはお金をかける傾向が強いので、確実に利益が出るマーケットと言えよう。

昔は、新郎新婦と両家の母親が会場を下見し、最終的には新郎の親が会場を決めたものだが、最近は挙式のスタイルから披露宴の会場選び、料理から当日の演出まで、新郎新婦だけで決めるケースが多い。とくに結婚式場や披露宴の会場選びにはこだわり、大学受験と同じようなノリで数ヶ所の会場を仮押さえするカップルも珍しくない。その中で最も印象に残った会場や低価格のホテルを指名するわけだが、近年は招待客のご祝儀の範囲内に披露宴の費用を納めるという合理的な考え方が、若いお客様を中心に広がっている。

福岡市内には大型のブライダル専門ホテルがあり、設備面では太刀打ちできない「東京第一ホテル福岡」では、あえて競合することなく、他のホテルの追随を許さない低価格で、年間約五〇組の披露宴を獲得。四〇名様以上一〇〇名様まで飲食を無料にする「ダイナミックプラン」によってお客様の人気を博している。

「ファシリティ・マネジメント」の発想

以上、各部門のリニューアルコンセプトと基本方針を記してきたが、これらのサービスを行う施設や設備はサービスや商品をお客様に提供する場であるとともに、それらを生み出すプロダクション・ツールでもある。

私たちは、その整備がお客様の満足度に直接影響することを常に意識し、たえず積極的な姿勢で日常的な点検を怠らないようにすることが大切だと考えている。

これらは、明確な運営の指針を示すとともにスタッフのモチベーションの向上にも繋がるもので、運営努力とその結果が高いレベルで不動産の資産として価値アップを図るものでもある。

その基本には、より高い顧客満足度を生み出そうとする「ファシリティ・マネージメント」の発想がなければならない。その範囲はサービスからリスクマネージメント、メンテナンスなど多岐に亘る。

4. リニューアル成功方程式

精密なデューデリジェンス

私たちがこうしたリニューアルを実行するには、長期間に及ぶデューデリジェンス（物件精査）の結果を踏まえて、事業再生のコンセプトづくりを行い、どこを重点的にリニューアルすべきか検討するプロセスが必要だったことは言うまでもない。

その過程で私を大いに勇気づけたのは、ここまで苦労もいとわず支えてくれた内外のスタッフたちの献身的なサポートである。

こうして新たな装いをこらし、お客様に心から満足していただけるサービスを前面に掲げて、事業再生への歩みを開始した東京第一ホテル福岡は、リニューアルの翌年の二〇〇四年三月、客室稼働率八〇％という予想を大幅に上回る記録を達成。現在、福岡市内のホテル戦争を一歩リードし、九州で一、二位を争う好位置につけている。私たちはこの勝利に浮かれることなく、今後も、さらに顧客満足度を高める努力を続けていかなければならない。

しかしながら、全国のシティホテルの客室稼働率が六〇％前後の今、私たちが、

〝初戦〟に勝利することができたのは、少なくとも同ホテルの事業再生の基本戦略に誤りがなかったことを示していると思われる。

次世代型ホテル

私は、これからのシティホテルに求められる条件は次の三つだと考えている。第一の条件は昼間のオフィスに代わって、二十四時間いつでも商談や会議、書類作成などのビジネス対応ができる場として機能することである。とくにファッションやデザイン、CM、コンピュータなど、時代の最先端業務に携わる人々にとって、ホテル環境は快適で自由な発想が得やすく、部屋の管理をすべて任せられるメリットがある。

従来のシティホテルはこうしたお客様のニーズにどれだけ応えてきたか、きわめて疑問だが、第二の条件として、たとえばホテル内に音楽スタジオなどを併設し、設備や機材をそろえれば一段と利便性が増し、新たなニーズを喚起できるかもしれない。

現代のホテル経営には、そうしたボーダーレスで柔軟な発想が求められている。また、近年は「異業種・異業態交流会」など、さまざまな人々がオフタイムを利用して、横のつながりを求める催しにホテルが活用されている。

第三の条件として、こうした新しいニーズにもホテルはきわめて可変的な特性を持っており、ビジネスにもオフビジネスにも利用できる弾力性を備えている。これからのホテルは、さらに多様な人と人の出会いを演出することによって発展するだろう。

そのことと関係するが、シティホテルでは、多忙な日常の中で見失われた豊潤な時間＝非日常性を感じさせることが求められている。非日常空間の演出には空間プロデューサーの鋭敏な感性が必要で、客室やレストランなどのデザインや照明、インテリアなど、顧客に驚きと満足を与える工夫が必要だ。

たとえば、スカイレストランの天井にプラネタリウムを活用して無数の星を投影し、雅楽の調べを場内に流せば、お客様は降るような星空の下で食事をする感動に包まれるだろう。

これからのホテルライフでは非日常的な楽しさが必要となり、とくに固定ファンづくりにはさまざまな仕掛けが重要になる。そのため、人々の五感に直接訴える方法もいくつか開発され、ホテルの空調設備を通じてヒノキやラベンダーなどの芳香を流すシステムも実用化された。その香りを客室や会議室に流せば人々の不安な気持ちを和らげ、夜の安眠効果を高めることができる。

多様なカテゴリーが融合する「ボーダーレスホテル」

幸い、東京第一ホテル福岡は好調な滑りだしを見せたが、「株式会社ケー・エル・コラボレーション」ではこれを第一号として、全国規模でスーパーシティホテルを運営したいと考えている。

それぞれの地域性や特殊性に応じて、運営手法は多様にならざるをえないが、これからはシティホテルの枠にとらわれず、他のカテゴリーのメリットを大胆に取り込んで融合させる、まったく新しいスタイルのボーダーレスホテルが出現するだろう。

たとえば一九八八年、神戸にオープンした大手流通企業の資本によるホテルは、当時としては初めての試みによる大型ショッピングセンターに大劇場を併設する複合型ホテルで、その開発コンセプトは「ネバーシーズ」（絶え間ない、止まるところを知らないという意味）だった。二十四時間営業で、都市生活の楽しさを提供し続けようという発想が核になっている。

その後、バブル崩壊を経て人々の意識が変化し、より堅実で落ち着きのあるシティライフを求める傾向が強まったが、その一方で、強烈なデザインコンセプトを持つホテル（＝スタイリッシュホテル）や、さまざまな〝遊び〟を楽しめるエンターテイメントホテルなどへのニーズも高まっている。

これからのシティホテルにはさまざまなカテゴリーが融合し、もっとボーダーレスな世界へ移行していくだろう。そこではさらにデザイン性や機能美が追求され、AV機器や寝具などの充実はもちろん、チェックインやチェックアウトなどのシステム上の工夫も高度化。健康産業やレストランなど、他業種との提携も進むにちがいない。

私たちが今、再生に努力している東京第一ホテル福岡は、そんな新時代の到来を予告するホテルでありたいと思う。

CHAPTER III

心と身体のケアを楽しむ温泉リゾート
〜「いよやかの郷」と「るり渓温泉」

1.「官設民営」のモデルケースとなった「いよやかの郷」

公共事業の特性と意義

私は本書のCHAPTER Ⅰで、今年（二〇〇四年）三月に正式オープンした「長崎温泉　きれいな海と四季旬味　やすらぎ伊王島」が、従来の公共事業のあり方を大きく変えたと述べた。その実感は今も変わらないが、さらに一層努力を重ねることによって、真の意味の〝地域再生〟に貢献していきたいと思っている。

本書では、そんな私の思いと事業再生の手法をできるだけわかりやすく伝えたいと思っているが、CHAPTER Ⅲでは、私たちが初めて公共事業を手がけた「牛滝温泉　いよやかの郷」（岸和田市）と、「心と身体の癒しの森　るり渓温泉」（京都府園部町）についてふれてみたい。

とくに「牛滝温泉　いよやかの郷」は、その後急増した「官設民営」のリゾート経営のモデルケースとなり、その成果が全国的に注目されたが、私にとっても愛着の深いプロジェクトなので詳しく記しておく。

CHAPTER Ⅰでも述べたように、第三セクターを含む全国の公共施設は赤字に陥っている所が非常に多く、基本的な「事業性」が疑問視されているが、公共事業には民間の一般事業とは異なる、次のような特性や意義があることは明らかではないだろうか。

①地域経済や産業の活性化に貢献する
～公共事業を行うことによって、地域に新たな市場を作り出す効果が期待できる。とくにリゾート開発では、現地の食品や特産物などの商材を利用するため、地場産業に与える影響が大きく、地域の特色が反映された料理や商品への人気も高い。

後述するが、私たちが手がけた岸和田市のリゾート施設「いよやかの郷」では、地場産業への発注が年間約五億円程度行われており、集客数が増えれば増えるほど地域経済への貢献度が増す仕組みになっている。
②地域住民の雇用を促進する効果がある
～近年の日本の失業率は五％程度に達し、とくに地方では深刻な事態が続いている。その点、公共のリゾートは産業の少ない辺境に立地されることが多く、労働集約型の産業なので、地域に新たな雇用を創出する効果は大きい。

和泉葛城山麓の牛滝地区に建設された「いよやかの郷」でも、約一三〇人のスタッフの八〇％が地域住民の方々であり、標高二五〇ｍの山中のため、とりたてて産業や就労施設が少ない土地にあって、多くの住民にはこの施設の給与が主な生活の糧となっている。

③地域住民の福祉の向上に寄与する

～近年のリゾート開発の傾向として、「癒し」や「やすらぎ」「健康」などの方向性を全面に打ち出している施設が多く、高齢化社会の進行の中で、余暇の過ごし方や健康生活の維持、または心身に障害を持つ人々の慰安など、地域住民の福祉の向上に寄与する部分が多くなってきた。

「牛滝温泉　いよやかの郷」でも、温浴と会食をセットにした「日帰り温泉パック」の顧客の約半数は中高年が占めており、地域の活性化に貢献してきた人々に新たな楽しみの場を提供することによって、行政と住民の相互信頼を深めることが可能になった。

④地域の知名度を上げるプロモーション活動

～新たなリゾート開発を行うことによって、全国的な知名度を上げた地域では、地域ぐるみで開発に取り組み、街おこしや地域おこしの一環として成功させているケースが多い。それらは公共事業が起爆剤になっていることが多いが、全国的な知名度を上げるには投資額の多寡ではなく、リゾートの質そのものが問われる時代になってきた。同じ初期投資額でも、施設を利用する顧客の立場に立って開発を行えば、その素晴らしさが口コミで伝わり、知名度の高いリゾートになる可能性がある。

⑤青少年の健全な育成に役立つ

～青少年の犯罪が増加し、次第に殺伐になってきた世情の中で、いかにして健全な青少年を育成するかが人々の関心の的になっている。その意味で、キャンプやログハウスでの活動など、自然の中での活動を通じてたくましくも優しい心を育てる施設への需要が高まっている。

「いよやかの郷」でも、岸和田市教育委員会が主催する夏季教育キャンプが毎年一ヶ月間開催され、参加した青少年の思い出に残る行事として好評だ。このように、公共のリゾート施設は地域への誇りや愛着を醸成し、青少年の人間形成に役立つ教育的機能を持つことが求められている。

牛滝川河川整備事業プロデュース

大阪府南部の関西国際空港にほど近い、岸和田市東南部の山間・牛滝地区で、府の公共事業の一環として、「牛滝川河川整備事業」が開始されたのは一九九〇年（平成二年）のことである。

和泉葛城山麓の牛滝地区は、間近に迫る葛城山とそれを取り巻く山々の眺望のみならず、昔なつかしい棚田の風景や瓦屋根の集落、大威徳寺の伽藍など、美しい自然環境と人々が生み出した景観が融合する素晴らしい風景に恵まれている。古くから紅葉の名所として知られるこの地区は、大威徳寺への参詣や葛城山登山など、信仰やレクリエーションの拠点として多くの市民に親しまれてきた。

そこで、岸和田市は府の事業を基礎に「牛滝川ふるさと整備事業」に着手。構想時から市民参加型の基本計画を行い、翌九一年から九八年にかけて、総工費約六〇億円をかけて四ヘクタールの土地を整備。

研修温浴施設やキャンプ場、ログハウス、バーベキュー広場などを中心とする大規模なリゾートを九九年五月に完成した。

そして、「牛滝温泉　いよやかの郷」(「いよやか」とは「森」の中世時代の読み)と命名されたこのリゾートは、所有者の岸和田市の要請により、カトープレジャーグループがその管理・運営を一〇〇%委託されるという、当時としては珍しい「官設民営」方式によって注目を浴びた。

というのも、当時はまだ公共事業のリスクは基本的に「官」が負い、館内清掃や警備などの部分的オペレーションだけを「民」が請け負うスタイルが一般的で、私たちのグループのように管理・運営のすべてを委託され、事業の利益にまで責任を負う企業はほとんどなかったからである。

こうして、岸和田市から「牛滝温泉　いよやかの郷」の管理・運営を委託された「株式会社ＫＰＧエコロジッククリゾート岸和田」(本社・岸和田市)は、岸和田城や

「だんじり会館」などの管理運営を行っている「岸和田市観光振興協会」と連携しながら、オープン前年の九八年八月から事業開発に取り組んだ。

開業から一年で、三十五万人を突破

〝和泉葛城山麓で、紅葉の名所として知られる岸和田市の牛滝地区では一九九九年五月十五日、温泉付きの研修宿泊施設やコテージ、キャンプ場などを備えた公園「牛滝温泉　いよやかの郷」のオープニング式典があった。この事業は岸和田市が一九九一年度から約六〇億円をかけて整備してきたもので、十六日に正式オープン

いよやかの郷
公共プロデュースの魁となった“いよやかの郷”。良泉に恵まれ関西で有数の温浴施設として、話題となっている。

する。

公園は牛滝川の周囲約四ヘクタールに広がるが、中心になる三階建ての研修宿泊施設「せせらぎ荘」には、約六〇人が入れる露天風呂付きの浴室や会議室、客室八室などがある。

温泉は一九九七年に市が掘り当てたもので、温度は五十二・三度で一日約七十六トンが湧き出る。神経痛や慢性の皮膚病などに適応しているという。ほかにも一二五人を収容できるキャンプ場やコテージ五棟、バーベキュー広場なども備えている。

せせらぎ荘の宿泊料金は、金・土曜や休日の前日が一人一泊二食で、八五〇〇～一〇八〇〇〇円〞（地元紙の紙面より）。

私たちがどのようなコンセプトを掲げてこのリゾートを整備し、各施設のプランニングやオペレーションに知恵を絞ったかは次節に譲るが、大手マーケティング会社はオープン当初の段階で、年間一〇万人程度の集客しか見込めないだろうと予測していた。

ところが、実際にオープンしてみるとその予想はまったくはずれ、開業以来八ヶ月で岸和田市の人口を越える二〇万人が来場し、年間来場者数は最大で三十五万人を記録。温泉の入浴者数は月間二万人強で、宿泊稼働率が年平均九十九％という驚異的な成績を上げることができた。

成功の要因にはいろいろ考えられるが、何よりも地元のお客様に〝ここにしかない、そこにしかない楽しみ〟を満喫してもらうことによって多くのリピーター客を獲得し、さらなる集客の増加を実現できたのが大きい。

その意味で、公共事業のみならずあらゆる事業の成功の秘訣は、単に宣伝広告や販売促進、あるいは企画力だけに頼るのではなく、いかにお客様にクオリティの高い商品を提供し続けるかという一点にかかっている。

私たちは「牛滝温泉　いよやかの郷」の成功を通じて、毎日の施設運営の中で改善と改革を積み重ね、さらに内容を充実させていくことが、結局は営業面の好成績につながることをあらためて確信することができた。

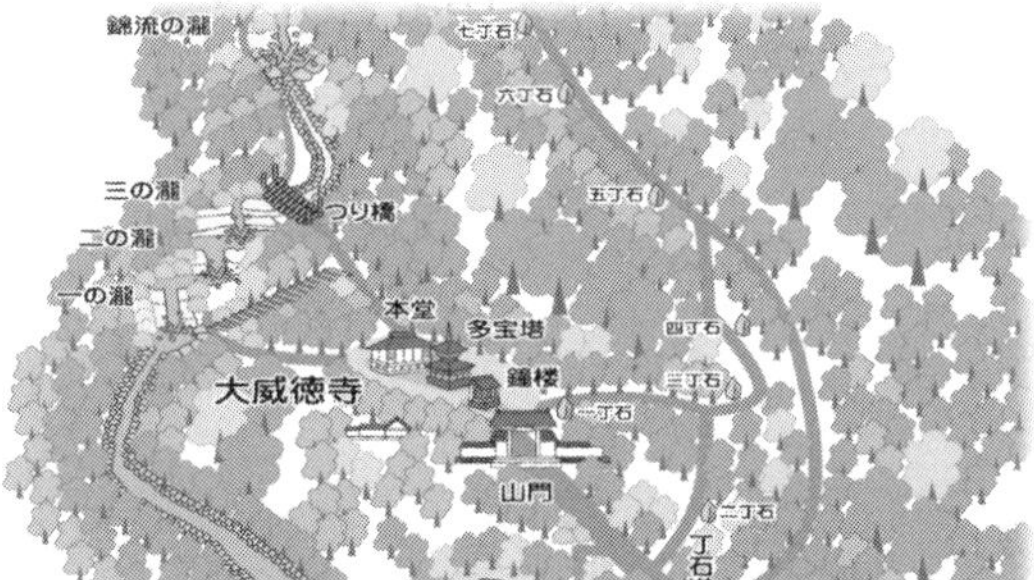

2. 生活に密着したリゾートの創造

自然の中で学び、休み、遊ぶ

私たちはこの「いよやかの郷」の運営を通して、これからの公共事業のあり方を新たな視点で提案していきたいと思い、従来の方法論では実現できなかった「成功」を収めるため、さまざまな試みにチャレンジすることを自らに課した。

まず、基本コンセプトについては〝豊かな自然の恵み〟を根底に据えることにした。

自然や健康をテーマにした公共事業は全国に多数存在するが、人間にとって自然は最も大切なものであり、それとふれあう機会を失った都会人は、自分でも気づかないうちに自然に憧れ、心から自然の中で過ごす時間を持つことを求めている。加えて、二十世紀を迎えた人類は、〝私たちも自然の一部である〟という世界観を共有することが重要な課題となっている。

そこで、「いよやかの郷」では人々と自然がどう関わればいいかという問題意識に立って、「教育」「休息」「遊び」の三つの視点から基本コンセプトを追求していった。

《コンセプト①》＝自然に学ぶ

～それは、都会人が見失っている自然との交流や、便利な文明の代償として失った、本来の自然を身近に感じられる場所を提供することに他ならない。水道の蛇口から出る液体が「水」、ガスコンロのスイッチを押せば出る光が「火」、ホームセンターで販売している袋に入った塊が「土」だと思い込んでいる子供たちには、本物の自然を体験し、学べる場所が必要だ。今、子供たちに最も大切なことは、自然の精妙な美しさを感じることにより、自然とともに生きる知恵を学ぶことではないだろうか。

そのため「いよやかの郷」では本格的なカナダ産のログハウスや、揺れる炎に満天の星が美しいキャンプファイヤー場、バラエティに富んだメニューが楽しさを引き立てるバーベキュー広場など、四季折々の自然美が楽しめる施設を可能なかぎりそろえた。

《コンセプト②》＝自然の中で休む

～それには、ストレスに満ちた社会で走り続けることに疲れた心身を、自然の偉大な治癒力によってリフレッシュさせる施設を建設すること。たとえば、「森林浴」

の効能は医学的にも立証されており、森の木々や花の香り、心地よい微風や小鳥のさえずりには人の心を安定させる働きがある。

そして、何よりも温泉には心身のストレスや病気をいやす効果があるため、「いよやかの郷」には、関西では珍しい白濁のナトリウム塩化物・強塩温泉が湧出する大浴場と露天風呂を研修施設に設置。お客様のリラクゼーションスペースとしての役割を担わせることにした。この施設には、アロマテラピー・グッズや自然素材で作ったアメニティ商品を販売するショップも配置し、自然の治癒力を存分に堪能していただけるようにした。

《コンセプト③》＝自然の中で遊ぶ

〜「遊ぶ」ことの楽しさは、高齢者であろうと幼い子供たちであろうと違いはない。自然の中にはたくさんの学ぶべきものがあるが、「いよやかの郷」では大人から子供までみんなで知恵を寄せ合って新しい遊びを創造し、世代を超えて楽しめるような遊びの空間を創造したい。そのことによって大人たちは忘れていた童心を思い出し、子供たちは伝統との精神的なつながりを実感することができるだろう。人々は自然の中で遊ぶことを通じて、都会では味わえない人と自然の温かさにふれることができるにちがいない。

私たちはこれら三つのコンセプトを柱として、本来の自然を心ゆくまで楽しめる「エコロジカル・リゾート・ビレッジ」を創造し、自然と人間が真の意味で共存しうるリゾートをめざしたいと考えていたのである。

ヘビーユーザーの獲得

けれども、初めて岸和田市から各施設のマスタープランを見せていただいた時の驚きは、いまだに忘れることができない。率直に言って、お客様の導線計画がマスタープランの段階でできていないため、全体に経費のロスが多く、厨房や宴会場の

自然をテーマとした施設
日帰りのお客様や一泊旅行のお客様にターゲットをしぼった施設。自然に触れ、心のびやか。

人件費が膨大になる恐れがあったからだ。

とりわけ最大のネックは、二〇〇台の車を収容する三ヶ所の駐車場で、そのままでは狭すぎて混乱する恐れがあった。これは、最初のマーケティングリサーチの見込み違いで、さっそくスペースを拡大していただいた。また、温浴施設では、浴槽の大きさと比較して脱衣場のスペースが小さすぎると感じたので、オープン後に拡張していただいたが、予想以上に手間がかかった。

これらは一例にすぎず、残念ながらリゾート全体の統一コンセプトが希薄なため、施設間のロスも非常に多いというのが私の第一印象である。「いよやかの郷」に限らず、日本の公共事業はなぜこういう傾向に陥るのかと言えば、〝事業全体を総合的に統括するプロデューサーが不在だから〟というのが、私の結論である。

公共事業はいわゆる〝縦割り行政〟の弊害で、施設のマスタープランを書く人と、実際に設計を行う人が異なるのは日常茶飯事であり、苦労して考え抜いたアイデアが具体化される施設はほとんどない。全体をトータルに監修するチームが不在なので、お客様から見ればムダな部分が多すぎることになる。

私たちはそうしたムダを極力省き、お客様に本当に喜んでいただける施設に変える努力をしたが、成功の要因は温浴施設による入浴と、地元の食材を生かした食事をセットにする「日帰りパック」によって、中高年層の心をつかむことができたからである。

また、朝食や宴会内容を充実させ、子供たちをターゲットにしたバーベキューや送迎バスの無料化などによって、一年に何度も利用してくれるヘビーユーザーを確保できたことが大きかった。

どのリゾート施設も、オフシーズンやウィークデーにどれだけ多くのお客様を呼べるかが成否の分かれ目となるが、「日帰りパック」の成功に自信を深めた私たちは、岸和田市内の老人会や町内会・自治会など、約三〇〇〇団体にきめ細かなローラー作戦による営業活動を行い、他の施設よりケタ違いに多いヘビーユーザーを獲得することができた。

進化するウェルネスマーケット

ところで温浴施設と言えば、近年は各地に「健康ランド」や「スーパー銭湯」などが増加し、〝都会のオアシス〟として人気を呼んでいる。江戸時代以来、長く人々の生活に根付いてきた「銭湯」は、高度経済成長とともに発達した内湯の増加とともに衰退。一方、古代から多くの人々に親しまれてきた温泉は、各地の温泉街がそのネームバリューを武器に栄えてきた。

日本の温浴産業の転機は二つあり、一つは町中で入れる温泉を売り物にした「健康ランド」で、遠方まで出かけなければならない温泉と比較し、地元で気軽に楽しめるレジャー施設として人気を呼んだ。一時は大ブームとなって全国各地でオープンしたが、次第に過当競争となり、多くは閉鎖に追い込まれた。

その中で、現在も営業を続けている店舗は温浴設備や泉質の良さに加えて、運営内容の良さが目立っている。たとえばレストランや宴会場を併設している所では、その部門だけで営業できるほどの内容を確保。さまざまな興行もよく吟味されており、浴場以外の付加価値のレベルが高いことが成功の条件となっている。

温浴産業を変えたもう一つの要素は、「スーパー銭湯」の出現である。これは、浴場組合などの規制により、一五〇〇～二〇〇〇円の入泉料を基本とする健康ランドと異なり、六〇〇～七〇〇円前後の料金で入浴できる施設で、大阪府の「五色温泉」などが先駆的存在だ。

天然温泉を売り物にしている施設もあり、ふつうの銭湯とは一味違うサウナやジャグジーなどの設備によって、集客に努めている。スーパー銭湯は従来の商圏を拡大することに成功し、チェーン展開する企業も増えてきたが、いずれは健康ランド同様、浴場設備以外の付加価値の部分で、どれだけ内容の良いサービスを提供できるかが勝敗の分かれ目になるだろう。

私たちはこれら二つのニューウェーブに学びながら、「温浴＋食事」のコンセプトを以下のようにまとめ、そのあるべき姿を「牛滝温泉　いよやかの郷」で実現しようと試みた。

①エリアアピール

～〝ここにしかない〟明快なコンセプトとテーマ性を打ち出し、時代を一歩リードする提案型の開発を実現して、そのエリアを地域の人々にアピールする。

②テーマ性

～次代に向けて新たなライフスタイルを提案するテーマ性を重視し、あるべき世界のイメージを表現する。

③文化性

～ごく一部の、特定の市民層だけが利用するのではない、気軽に親しめる雰囲気の温泉・飲食施設とする。それには、単に施設を利用するだけではないおもしろさや、文化性が重要になる。

④話題性

～今日の情報化社会には数えきれないほどのモノやコト、情報があふれており、その中で光を放つような話題性やアピール度の高さが必要だ。

⑤地域への貢献

～地域経済や雇用に配慮した経営を行うには持続的な集客力を持ち、利用客が多いほど貢献度が高くなる。そのためには、近隣住民にリピーター客を増やせる事業にしなければならない。

ユーザーの心をつかむ　多彩な仕掛け

私たちはこうしたコンセプトに基づき、「牛滝温泉　いよやかの郷」の温浴研修施設「せせらぎ荘」のプランニングに取り組んだ。

まず、一階の大浴場・露天風呂には地下一六〇〇mから湧出する天然ナトリウム温泉を満たし、ドライサウナとスチームサウナを完備した。男女二つの大浴場は毎日「入替制」にすることにより、宿泊客が双方の雰囲気を楽しめるようにした。

また、とくに重視するレストラン部門では、本格的な手打ちうどんから鍋物まで、朝・昼・晩の時間帯に合わせて、地元の旬の素材を生かした創作料理を提供する「ゆすら庵」をオープン。夜になると、ほのかなランプの明かりの下で食べるディナーは、ここならではの雰囲気と美味によって好評を博している。

二階には、眺望の良いテラスでお茶やワインなどを楽しむ「キッズガーデンカフェ」の他、シアター形式の研修会や立食パーティ、各種展示会やセミナーなどが開ける「多目的室」や「会議室」を設置。多目的室はパーティションによる分室も可能で、ふだんは畳敷きの休憩所「団欒の間」として利用することができる。

さらに三階には、六〇～九〇名様の集会や宴会に利用できる「交流室」や「会議室」を三つ用意したが、やはりパーティションによる分室が可能で、さまざまな規模の集会に対応できるようにした。

もう一つ、「せせらぎ荘」に仕掛けたとっておきの〝バクダン〟は、居ながらにしてヨーロッパの名画が観賞できる、秘蔵の複製画コレクションである。吹き抜け階段の壁面に飾られた約一三〇枚の名画は、フランスの著名な複製画家ダニエル・ドラマー氏が一作品一枚という契約に基づいて制作したもので、「実物」と言っても過言ではない完成度によって、芸術的な価値を保証された作品ばかりである。

これらの作品は、私が最初にホテルプロデュースに着手した際のクライアントで

リピーターの心をつかんだ良泉
露天風呂、大浴場ともに天然ナトリウム温泉。近郊からのリピーターに支持され、高い集客数を誇っている。

あり、公私ともに大変お世話になっている恩師と言える大阪在住の某実業家のコレクションである。

氏は大切なコレクションの貸し出しを、私の公共における最初の仕事の成功を願う意味を込め、名を伏せることを条件に快諾してくれた。この好意により無償で展示できることになったが、ゴーギャンやルノワール、ミレーやゴッホなどの名画を原画に近い形で観賞できるのは、稀に見る機会と言えるだろう。湯上がりのひととき、美術館の混雑にわずらわされず、好きな名画の世界に心ゆくまで浸っていただければ幸いである。

また、このコレクションの名称であるＭＯＤＤ（モッド）は氏のイニシャルから名付けたものであることを記しておく。

以上でお分かりいただけたと思うが、「牛滝温泉　いよやかの郷」の成功は、単に一つの要素だけでもたらされたものではない。岸和田市から一時間以内のアクセスで、緑豊かな大自然を満喫できるロケーション、健康の維持と病気治療に効能があるナトリウム温泉のクオリティ、地元の食材を生かした創作料理の充実、秘蔵複製絵画のコレクション、温泉に宴会をセットした企画の良さ、それに価格面の手頃感などが相乗効果を生み、繰り返し行きたくなるリゾートを創造できたのではないか。

リゾート全体にテーマ性を持たせた運営を行うことにより、他の施設と大きな差別化を図ることが可能になるが、そのことを通じて〝ここにしかない楽しみ〟を提供することが、より多くの集客を実現する方法ではないのか――。

私がこのような確信を得るに至った最初の公共事業が、この「牛滝温泉　いよやかの郷」プロジェクトである。

MODD COLLECTION
おくつろぎいただける、湯上がりのミュージアム。名画に親しみ、身も心も癒されていく。

ニューテイストの創造　「浪切ホール」

この「牛滝温泉　いよやかの郷」の成功がきっかけとなり、私たちは、岸和田市が港湾都市開発の一環として建設した「浪切ホール」のフード関連事業もお任せいただけることになった。

同市が約一三〇億円の巨費を投じて開発した「浪切ホール」は、一五五〇席の大ホールと二八〇席の小ホールやバンケットルーム、五ヶ国語の同時通訳システムを持つ国際会議場などを有する、関西でも屈指の公共ホールである。

このホールのレストランとビュッフェ、バンケット部門の企画・運営を岸和田文化財団から委託された私たちは、二〇〇二年四月から、一階エントランス部分にフランス及びイタリア料理のレストラン「Ｃａｆｅ　ｄｉｎｉｎｇ　ＵＲＡＲＡＫＡ」をオープン。屋内に六十二席、屋外テラスに五〇席を設けたこのレストランは、「洋」のプロダクトに「和」のテイストをミックスさせたオリジナル料理によって、独自の「食」の世界をお客様に提供中である。

店内のインテリアには植栽を多用し、テラス部分のエクステリアとインテリアの融合を図る、「インテリアガーデニング」の手法を用いることによって、歌舞伎からオペラまで、大規模な公演が可能なホールの雰囲気をより一層引き立てるよう配慮した。

そしてオープン以来、岸和田市だけでなく大阪府南部の新たなグルメスポットとして注目され、ランチバイキングに加えて、結婚式などの二次会会場として多くのお客様にご愛顧いただいている。

今後はさらに内容を充実させ、より多くの方々から「あそこの料理はおいしいから、もう一度行きたい！」と言っていただけるような〝食の名所〟にするため、大いに知恵を絞りたいと考えている。

Cafe Dining URARAKA
オリジナル料理を続々と開発。
大阪府南エリアのデートスポットとして支持されている。

3.「花とせせらぎの高原／るり渓ガーデンリゾート」

良いリゾートは「独裁者」がつくる

さて、「浪切ホール」のオープンと同じ頃、私たちは、京都府船井郡園部町の南西部に位置し、大阪府と兵庫県の府県境にある「るり渓高原」に建設されたリゾート施設の運営を委託された。

「るり渓」は国の名勝に指定されている府立の自然公園で、「るり」とは漢字で「瑠璃」と書き、紫色を帯びた紺色の宝石のことである。渓谷沿いに約四ｋｍ続く散策コースには、「るり渓十二勝」と呼ばれる大小さまざまな滝や岩が並び、四季折々に変化する両岸の木々や草花とみごとに調和して、人々の目を楽しませてくれる。

るり渓の高原には、財団法人・園部町振興公社が運営する宿泊施設「こぶし荘」やフラワーガーデン、レストラン、ティーハウス、テニスコートなどが設けられていたが、私たちはこの地が〝日本一星空の美しい場所〟の一つであることに注目。イギリスのイングリッシュガーデンをモデルに「花」をモチーフとし、もっと個性的なリゾートに変えることによって、集客力をアップさせることができると考えた。

そこで、ガーデニングのスペシャリストであるブレーンのネットワークを生かし、るり渓全体を巨大な庭園に見立てた造園計画をつくり、ローコストで成果をあげるにはどうしたらいいか、具体的なプランを提出したのである。こうした発想の背景には、良いリゾートに対する次のような考え方がある。いささか長文になるが、私自身、非常に共感する内容なので引用させていただく。

〝良いリゾートとは、一言で言えば個性のはっきりしたリゾートである。つまり、そこに着いた瞬間にどんな時間を過ごしたいかがくっきりイメージできるような所。

リゾートづくりとは、ある意味でひとつの独立した世界をつくることであり、「時間」をつくることである。お客とはその時間帯に居合わせるテンポラリーな「個人」である。それも非常に勝手で、わがままな。人々は、どこの時間に所属するかまったくの自由意志で選べるし、嫌になったらすぐに出ていく自由だってある。

リゾートという「不思議の国」において、「国民」はすこぶるわがままで、しかもぜいたくな望みを持っている。ここの「国民」は、平等も機会均等も「国」に対して求めはしない。ただただお金をかけて、わざわざやってきた自分だけを満足させてくれればそれでいいのである。

その点が、リゾートづくりにおける集団合議制や多数決の意味のなさにつながる。関係者それぞれの顔色を見ながら、あっちを立てこっちを立てしながら、少しずつみんなの意見をとり入れ、根回しや度重なる意見調整によって、突出した意見はどんどん削られ、どうにかみんなが、「ま、いいんじゃない」と賛成するところまでこぎ着けたようなリゾート（日本のリゾートのほとんどがそうだが）、そんなリゾートに良いリゾートはありえない。

「ま、こんなものか」くらいのそこそこの満足感は得られても、「ああ、こういう所に来たかった！」と感激させるようなきわめつけのリゾートにはならない。

それよりも、誰か一人の非常に個人的な主観と趣味によってつくられたリゾートの方が、純度と完成度が高く、個性的で傑出したリゾートができる。ただひとり、全体を見る目を持ち、庭の木一本、バスルームのコップ一個、なぜそれでなければならないかを確固としてわかっている個人、個性あるリゾート……、「不思議の国」は常にそうした〈独裁者〉によってつくられてきた。〃

（「世界のリゾート＆ホテル」／森　拓之著／日経ＢＰ社刊）

バランスコントロールの必要性

要するに、とくに大型のリゾート施設で最も重要なことは、その開発から企画・運営まで、すべての要素が統一されたコンセプトによって貫かれているかどうかである。

明確なコンセプトによって統一されたリゾートは一つの世界観を生み出し、お客様に〝ここにしかない〟という絶対的な価値観を感じさせ、そのクオリティが高ければ高いほど集客の増加につながっていく。そのため、私たちのグループは常に顧客の立場に立って物事を考え、コンセプトワークからオペレーションまで、顧客との接点を〝真実の瞬間〟ととらえて、すべての事業に取り組んできた。そこで、るり渓では手付かずの自然の中、健やかさの象徴である温浴施設を核として、全体を「花とせせらぎの高原／るり渓ガーデンリゾート」というコンセプトで統一。新たな公共リゾートのあり方を提案した。

その提案を受けとめていただいた園部町振興公社では、国体などに使用されていた体育館とライフル射撃場を約十四億五千万円を投じてリニューアル。「温泉」と「自然」と「食」を融合し、運動と休養を兼ねた健康づくりと予防医学の拠点となる温浴宿泊施設として再生し、二〇〇二年四月から「心と身体の癒しの森　るり渓温泉」と命名して新たなスタートを切ったのである。

しかしながら、るり渓は岸和田市の牛滝地区より立地条件が悪く、年間を通じて十〜十五万人のハイカーが足を運ぶものの、平日の人出はまばらだった。こういう土地にわざわざ来ていただき、ウィークデーでも一定のお客様を確保するには、高原全体をもっと活性化する必要があり、各施設のプランニングやオペレーションももっと工夫しなければならない。私たちは、その改良期間を五年程度のスパンでとらえているが、温浴施設とゴルフ場、テニスコート、少年自然の家など、施設間のバランスをよく考慮しなければならないと思う。

癒しの提供

とはいえ、最大の呼び物である「るり渓温泉」の泉質は、日本でも有数のラドン含有量を誇る天然温泉で、じっくり身体を浸せば芯から温まり、飲用すれば疲れた消化器官の疲労回復に効果がある。温浴施設の内部は、露天風呂を含むラドン温泉とバーデゾーン、ねころびゾーン、温水プールの四つのゾーンで構成。バーデゾーンには泡風呂や弱放射線温泉の他、アロマスチームサウナや遠赤外線サウナなどがあり、水着着用なので家族や男女のグループでも楽しめる。

また、ねころびゾーンには、自然石が発するマイナスイオンを感じながらねころべる部屋や、好きな映画を見ながら心と身体を解放し、リフレッシュできる部屋、砂風呂で足から温まる部屋など、さまざまな癒し体験ができるスペースが設けられている。

さらに、一年中利用できる二十五ｍの温水プールは遊泳施設として利用されるだけでなく、高血圧症や糖尿病の水中リハビリや成人病の予防に活用。予防医学の成果を応用した健康管理コーナーでは、最新のシステムによる体調管理や、健康維持に役立つ情報を提供してくれる。

一方、「食」の中心は、温浴施設の一階にあるレストラン「ゆすら庵」（座敷五〇席、テーブル席七十六席）で、地元の薬草や薬木を使った本格的な薬膳料理や、採

癒しをコンセプトとして…
るり渓温泉は、日本でも有数のラドン含有量を誇る天然温泉。
ねころびゾーンや温水プールなど老若男女でにぎわっている。

れたての食材を使う創作和食料理を存分に楽しむことができる。

また、都市交流型農業を推進し、京阪神地区から観光客が訪れる園部町では、「るり渓」を都市と農村の交流拠点として位置づけ、温浴施設のスーベニアショップに特産品の「朝市コーナー」を設けるなど、自然と健康にちなむ商品を多数販売。これは日帰りのお客様だけでなく、和室（五室）や洋室（四室）に宿泊するお客様からも喜ばれている。

トータルコントロール

さらに、「るり渓」にはこの他にも有効活用すべき施設がたくさんある。それらの施設は経年劣化によって、お客様の満足度が低下しているが、高原リゾートの総合開発という視点で見直せば、部分的なリニューアルだけで十分活力を取り戻せるはずだ。そう考えた私たちは園部町振興公社に対し、数々の具体的な提案を行ったが、その一環として昨年（二〇〇三年）、次のような施設のリニューアルを実行（計画）することによって、リゾート全体の活性化に少なからぬ貢献をすることができた。

①研修旅館「こぶし荘」

〜現状の和風旅館のテイストを生かしながら、一部を補修及び改修し、メインの温浴施設（＝「心と身体の癒しの森　るり渓温泉」）の「離れ」の機能を担うホテルとする。名称も「花あかり」と改めて家族風呂を設け、各部屋での食事サービスを実施。宿泊だけでなく、入浴・宴会プランなどにも対応することにした。

ここで大切なのは総合的なコーディネイトであり、センスアップされた空間づくりの技術によって、より顧客満足度の高い施設に再生させた。

②フラワーガーデン（計画中）

〜「こぶし荘」に面したフラワーガーデンをイングリッシュ・ガーデン風に一新し、庭づくりの見本と

食をアピール。
素材本来の味を求めて
海や山の幸をふんだんに使用し、創作自然料理をご提供。
近郊からファンが多数訪れる。

することによって、園芸好きの中高年層の関心を集めることにする。庭園内のレストスペースの充実なども行い、単に眺めるだけでなく、そこで心静かな時を過ごしてもらう工夫も施す。今後、このガーデンは「るり渓ガーデンリゾート」の目玉の一つになるだろう。

③シベリズ・ティハウス

～「るり渓少年自然の家」の近くにあるシベリズ・ティハウスは単なる喫茶店だったが、店舗内のパン工房を拡充し、他の施設でも自家製パンの試食や販売を積極的に行えるようにした。また、宿泊施設との連携を図り、お客様の朝食やランチにもパンを提供することによって、食事メニューの選択肢を拡大。食べる楽しみをさらに増すことができた。これを機会に、お店の名称も「ベーカリーズカフェ　ガーデンズ」と改称した。

④レストラン深山（計画中）

～「フラワーガーデン」に面して、ガラス張りのウィンドーがある条件を生かし、それを開閉可能式に改良して、季節によりオープンテラス形式の営業を行う。宿泊客の朝食も用意するなど、宿泊施設と連携をとりながら、こだわりのソフトビバレッジ（コーヒー、ハーブティ、紅茶）と軽食、甘味などを提供する。

昼食以降のレストランメニューとしては、日本ではまだ珍しい生麺によるパスタ料理、トッピングを自由に選べる遊び感覚のピッツァ、高原オリジナルの地ビールなど、都市部のレストランに引けをとらない本格的な運営をめざしている。

この他、保護者が手作りクッキーを子供たちと一緒に味わいながら、遊び興じる姿を見守れる「キッズ・ガーデン・ロッジ」や、カブトムシやクワガタなど、珍しい昆虫の生態を観察できる温室、自然の中で食事が楽しめる「石の動物公園」など、既存の施設をさらに有効活用するリニューアルにも、精力的に取り組んでいきたいと思っている。

園部町と一体になって進めてきたリニューアルの結果、最近は年間約二十五～二十六万人のお客様に来場していただけるようになり、京都府内はもちろん、隣接する川西市（大阪府）からも高齢者や家族連れの方々を中心に、多くのヘビーユーザーを獲得することができるようになった。

まことにありがたいことだが、私たちは「るり渓」の温浴施設だけでも年間四十五万人以上のお客様を呼べるはずだと考えており、雄大な自然に囲まれた絶好のロケーションを生かしながら、食と温泉を中心に、心と身体のケアを行える総合的な高原リゾートとして、さらに多くの方々に来ていただけるよう努力したいと考えている。

CHAPTER Ⅳ

忘れられない「旨味」が決め手
～フードサービス事業の原点「つるとんたん」

1. 麺匠の心つくし　つるとんたんの誕生と成長

目的意識のコアに迫る

このCHAPTERでは、私たちがとくに重視している「食」のテーマをとりあげ、フードサービス事業の原点となった手打ちうどんの専門店「つるとんたん」について述べたいと思う。

外食産業の世界では、繁盛している店の特性を〝たまたま店〟と〝わざわざ店〟の二つに大別することができる。

〝たまたま店〟というのは、店自体にはとりたてて特徴がないが、立地条件が良いため、たまたま来店するお客様が多いことによって成り立っている店舗のこと。これに対して〝わざわざ店〟とは、立地の良否に左右されないほど個性的で、特色ある店づくりによって、お客様にわざわざ来ていただける店舗のことである。

後者の場合は基本コンセプトから店舗設計、オペレーションまでかなりの能力が必要で、これを事業として確立し、長年にわたって収益を維持して繁盛させるのは大変むずかしいとされている。しかしながら、外食産業が著しい発展を遂げ、さまざまな意匠をこらした店が増えてきた現代において、どのような業態にせよフードサービス事業を成功させるには、「わざわざ店」の要素が必要不可欠になっている。

さて、四国・香川県出身の私の父は一九七〇年代半ばから、大阪市内の繁華街・ミナミの宗右衛門町で、本場讃岐の手打ちうどん専門店である「本家さぬき」を経営。月間の坪当たり売上高が最高で五十四万円という、都心型店舗としては申し分のない数字を計上していた。しかし、この店は絶好の立地を生かした、〝たまたま店〟であり、手打ち麺の本格的な風味が好評だったものの、全体的な印象としては他の繁盛店と大差ないレベルだった。

そこで、この店の経営を受け継いだ私は、一九八九年八月に名称を現在の「麺匠の心つくし　つるとんたん」と変更して、フードサービス事業の新たな展開を図るべく、総合的な開発に着手。どのような立地条件においてもお客様に足を運んでいただけ、高収益を確保できる〝わざわざ店〟に変えることをめざした。

そのため、昔ながらの讃岐うどんの手打ち技法を生かしながら、「あげたち」の状態で提供。ダシにうるさい大阪人のため、利尻産の昆布と削りたての鰹節をたっぷり使った贅沢なダシに、十分寝かせた淡口醤油を合わせ、さまざまな具材にも徹底的にこだわって独自の「旨味」を確立した。

そのうえ、現代的な店舗デザインが流行する巷で、真にうどんを味わうにふさわしい空間として、古き良き時代の民家の趣を再現。古人の生活の知恵が随所に生かされた造りによって、年代を問わず多くのお客様から好評をいただいた。

さらに、店主自ら窯元に足を運んで立杭や信楽など六古窯に数えられる名窯で焼きあげた器を収集して活用し、年配者には郷愁を、若年層には伝統への新鮮な驚きを感じさせることによって、他店との明確な差別化を図ることに成功したのである。

うどんの歴史と、関西に根付いたわけ

日本の麺類の歴史は古いが、小麦粉で作る「うどん」という名称は、奈良時代に空海（弘法大師）が伝えた唐菓子の「餛飩（こんとん）」が起源といわれ、その後饂飩（うどん）や温飩（うんどん）と書かれるようになったが、中身は別物である。

「餛飩」は小麦粉と米粉を混合し、こねて生地をつくり、その皮の中に挽肉や野菜、小豆などの「餡《あん》」を入れて煮たもので、現在のワンタンやギョウザに似た食物だった。これが時代とともに変化し、室町時代の『庭訓往来』によると、「温飩」という切麦（釜揚げうどん）のようなものになったとされている。

いずれにしろ、麺類が普及するには小麦や蕎麦を粉に挽く石臼が広く普及しなければならず、うどんやそうめん、そばなどが大衆的な食べ物になったのは江戸時代以降のことである。とくに、うどんは関西で愛好され、京阪神では屋台のうどん屋

が増加。一説によれば、一六七六年（延宝四年）頃から豆腐やワラビ餅とともに、そばやうどんの夜売りが始まったという。

通常のうどんの原料は小麦粉と塩と水だけだが、江戸時代からさまざまな工夫がこらされ、生地をよく練ってグルテンを引き出すため臼に入れてついたり、茣蓙《ござ》の上に乗せて包み、足で踏む作業などが行われてきた。本場の讃岐うどんも早朝から職人が練ったり、寝かしたりして、手間をかければかけるほど美味しい手打ちうどんができる。四国では生醤油をかけて食べるのが普通だが、最近は関西のお客様にも好まれるようになってきた。

関西の「素うどん」（＝関東の「かけうどん」）は淡口醤油を使い、温めたうどんに熱いつゆをかけ、刻みネギや七味唐辛子を添えて食べる。そして、これに肉や野菜を加えた「しっぽく」、片栗粉を加えてとろみをつけた「あんかけ」、「鶏卵うどん」（卵とじ）、油揚げを加えた「しのだ」（きつねうどん）、茶碗蒸しの具にうどんを加えた「小田巻」など、バラエティ豊かなメニューが開発された。

関西うどんのつゆは、東京のそばつゆのような「かえし」をとらず、ダシに直接醤油を合わせて作るが、塩分の多い淡口醤油を使うので塩気が立つ。そのため、関東より薄い味付けでも十分うどんを引き立てるつゆになる。そのうえ鰹節や鯖節、うるめ節など、数種類の雑節を混合して複雑な味のダシをとるので、伝統的に〝飲んでも旨いつゆ〟になっている。

オリジナルを追求。ひろがる、うどんの可能性

ところで、「つるとんたん」という店名は、「鶴」（めでたい鳥）と「飩」（うどんの古い呼称）、「啖」（手打ちの味で健啖、啖能）の合成語であるとともに、「つるつる」とうどんをすすり、「とんとん」とうどんを打ち、「たんたん」とうどんを切る音の響きに託して、〃たかがうどん、されどうどん〃の価値観を表現したものである。

こうして讃岐うどんの美味しさと、関西のダシ文化を程よくミックスし、店舗を全面リニューアルして再スタートした「つるとんたん」は、一部のプロだけでなく、万人が好む「旨味」を開発することによって次第に人気が上昇。ピーク時には月間の坪当たり売上高九〇万円という、「着座型店舗」としては驚異的な数字を記録。関西のうどん店の中でもトップと言っていい業績をあげた。

うどんという食材の強みは、さまざまな料理のバリエーションを作れることだが、そのことに気づいた私たちは、通常の和食チームを「つるとんたん」の厨房に編入して、鍋料理やうどん懐石など、会社の接待にも使えるハイクオリティなメニューを開発。再スタートから六年目に地階を座敷席として拡張し、手打ちうどんの鍋物を中心とするメニューを増やして、各種宴会のニーズにも対応できるようにした。そのおかげで一九九六年末には月間四〇〇〇万円という売上を記録し、大阪ミナミの知名度の高い一流店というステータスを獲得することができた。

最近はマスコミにもとり上げられ、ますます知名度を増したこの店は、午前十一時から翌朝八時まで営業。昼は、堺筋のオフィス街のビジネスマンに手頃な昼食を提供し、夕方は心斎橋や道頓堀からの買い物帰りの人々に鍋懐石、深夜は宗右衛門町からの帰り道、酔い醒めのうどんをすするお客様で店内はごった返す。そして早朝、華やかなミナミの夜を演出した人々が、うどんをすすって徹夜仕事の疲れを癒す姿が見られる——。

そんな毎日の中で、〝このうどん、うまいなあ！〟の一言がスタッフの何よりの喜びとなっているが、「麺匠の心つくし　つるとんたん」では、「手打ち半生麺」など人気のオリジナル商品を中心にギフト商品も販売し、お中元やお歳暮のシーズンを中心に業績を伸ばしていることを付け加えておきたい。

麺匠が求めた味。
趣。佇まい。風情。こだわりの食材。厳選された昆布と鰹から生まれた出汁。うどん本来の味を表現する浪花の銘店。

2.「高級料亭」を高収益の店舗に再生

「店格」を保ちながら敷居を低くする工夫

ミナミとともに、大阪を代表する繁華街・北新地。

ここはわずか三ｋｍに満たない通りながら、自営業者や中小企業の人々が集うミナミに対して、大企業を中心とするビジネスマンたちが集う社交の場である。

東京なら銀座に相当するこの高級歓楽街に出店することは、〃大阪のつるとんたん〃から〃日本のつるとんたん〃に飛躍する足がかりになることはもちろん、食道楽の街・大阪で、名店としてのステータスを確立することに直結する。こう考えた私たちは二〇〇〇年十一月、「つるとんたん　北新地店」を新たにオープンした。

その店舗物件があるビルは、北新地の中でもひときわ高級感のある石造建築で、エントランスの雰囲気は他に類を見ない美しさである。店舗は桧・白木造りに聚楽壁という、高級料亭並みの内装ながらシンプル感があり、私たちが求めていた和風レストランのコンセプトにぴったり合致した。

一番の課題はエントランスのデザインワークで、「店格」を保ちながらいかに敷居を低くし、気軽に入店できる雰囲気に変えるかである。それについては、大型の案内板やサンプルケースなど、多くのお客様を引き付けるモチーフを巧みにコーディネートすることによってクリアすることができた。

念のため述べておきたいのは、このプロジェクトでは高級料亭の建築の命をどう生かし、再生させるかということが最重要テーマであり、初めから「つるとんたん」の導入を前提にして取り組んだのではないということである。フードサービス事業の新たな業態開発の中で、高級料亭の再生に取り組んだ結果、たまたま「つるとんたん」三号店のオープンにつながったのである。

しかし、この店も多くのお客様から支持されるようになり、北新地を夜ごと回遊しながら、「今日は何を食べようか」と相談し合うビジネスマンから、「〃つるとん

再生された老舗料亭
圧倒的な支持を誇る麺匠の心つくし
つるとんたんの味。
それを老舗料亭のしつらえに融合させたケース。
大企業の接待にも使われ、ビジネスマンに親しまれている。

たん〟のうどんにしよう」とご指名いただけるところまで成長。時間帯ごとのプランニングがしっかり行われているため、ほぼ一日中客足がとだえず、高収益の店を維持することが可能になった。

「店格」を上まわるオペレーション

それから、さらに二年後の二〇〇二年十一月、私たちは大阪市・堺筋本町の老舗料亭「丸水楼」の店舗跡を大幅にリニューアルし、「つるとんたん　本町楼」をオープン。高級料亭を高収益の店に再生させる事業に本格的に取り組んだ。

高級料亭の一番の魅力は、落ち着きと重量感のある建築や空間、一言で言えば「店格」にあり、通常のうどん屋チェーンにはこういう建物の再生はできないし、安易に内装を変えようと思ってもできるものではない。

たとえば「つるとんたん　本町楼」の店内には、五mほどの高さの天井を持つ宴会場があり、太い柱や梁の存在感に圧倒されるが、従来は最低でも数万円必要だった「料亭」で、割安な値段で食事ができる喜びには格別なものがある。

私たちはその建築の命をどう生かし、どう蘇らせるかに腐心するとともに、「店格」にふさわしいオペレーションシステムの確立にも気を配った。そのため、同年九月に全スタッフを対象とする特別研修を実施。接遇七原則（みだしなみ、挨拶、表情、言葉遣い、立居振舞、アイコンタクト、間合い）はもちろん、組織とチームワークのあり方やリーダー論、自己変革の方法などを学んでもらった。

また、有名な料理旅館の女将さんたちから直接、接客のツボなどを指導してもらう「女将さん研修」を行い、現代のマニュアル・ロボット的なサービスをどう打破するか、素晴らしいアドバイスをたくさんいただくことができた。

それは今後のフードサービス事業を考える時、欠かすことができないポイントで、店舗スタッフの対応ひとつでお客様の評価が、はっきり分かれる時代がやってくるような予感がする。こうした研修には手間がかかり、一朝一夕で変化が現れるわけではないが、本来の日本人が持っていた礼節や作法を若いスタッフたちに植え付ける効果は、長い目で見れば大変貴重なものになるにちがいない。

現在、この「本町楼」を含めて四店舗となった「麺匠の心つくし　つるとんたん」は、多くのお客様にご愛顧いただいたおかげで年商十億円を突破し、五号店、六号店の出店計画も俎上に乗っている。既存店は大阪の〝新たな老舗〟として定着しつつあるが、今後は、この不況下に売上・利益とも伸ばしている稀なフードサービス事業として、全国の主要都市で店舗展開を行う準備を進めたいと思っている。

独立支援システムとは

こうして私たちは大阪ミナミの繁華街で、フードサービス事業の最初の拠点を築いたが、一九九九年五月には宗右衛門町「つるとんたん」の姉妹店として、やはり市内の大国町に「麺匠の心つくし　つるとんたん／分家　上匠」を出店することができた。

この店は、私たちのグループ内で独立を希望するスタッフを支援するシステムの第一号店で、ＫＰＧ自ら店舗開発に投資を行い、経営を任せることによって高収益を期待することができる。

私は、このシステムを「ＫＰＧコングロマリット構想」（ＣＨＡＰＴＥＲ　Ｖに詳述）の柱の一つとしてとらえ、二一世紀型の新たな経営スタイルにしたいと考えているが、「分家　上匠」の開店は多くのスタッフに夢と目標を与えた。

実際に約十年間、当グループでさまざまなことを学び、開店と同時に経営を任されたスタッフは、その後の努力によって四～五倍の年収を獲得することができた。今後は、さらにこうした独立支援システムを発展させていきたいと考えている。

ちなみに、私が常々考えているフードサービス事業は何よりもまず、お客様に喜んでいただける料理とサービスの提供が基本コンセプトになる。とりわけ大切なのは、その店の味に「中毒症状」を起こすほど好きになってもらうことで、忘れられない「食感」や風味、五感プラスワンの「旨味」をどう醸し出すかが決定的に重要だ。

また、どんな高級料理でも、〝乾いた料理〟ではダメで、ライブ感を感じさせる〝生きた料理〟を提供することが非常に大切であり、そうした料理は料理人の心意気やセンス、メンタルなエネルギーが加わらなければ決してつくることができない。「麺匠の心つくし　つるとんたん」では、その基本を忘れることなく、さらに個性的な「食感」と「旨味」の追求に全力を傾けたいと考えている。

より高い目標を掲げ、さらに成長する「つるとんたん」
「食感」と「旨味」の追求。メンタルなエネルギーを注ぎ込み未知の高まりに挑む「麺匠の心つくし　つるとんたん」。
おいしさに限界は、ありません。

CHAPTER V

「KPGコングロマリット構想」が発進
～多角経営によるスケールメリットの追求

1. レジャーホテルに「独立オーナーシステム」を導入

「一企業一〇〇億円限界説」の打破

私たちは、公共事業の再生やシティホテルの再建、フードサービス事業の立ち上げなどに全力で取り組み、各地の有力なオーナーや地方自治体の責任者をはじめ、多くのクライアント様からお賞めの言葉をいただけるところまで成長した。

この間、常に新たな事業フィールドの第一線で、若く意欲的なスタッフがさまざまな経験を重ね、瞬時の判断力や決断力、統率力を涵養。それぞれが「被雇用」の受け身の意識ではなく、自分こそ主役だという事業家の意識を持つべく努力し、優秀なビジネスマンに最も必要な「人間力」を増してきたことは心強いかぎりである。

しかしながら、グループ全体の年商が一二〇億円を突破した今、細分化された部署は一つの組織となり、各自の役割が分業化されることによって、それぞれの責任が「義務」に変質。ひとりひとりが事業を担い、誇りと喜びをもって責任をとる気風が薄れてしまうことが予想される。

私は以前から、サービス産業における「一企業一〇〇億円限界説」を唱えてきたが、私たちのグループのような労働集約型産業においては、スタッフの弱体化と組織のゆるみは致命的欠陥となり、たちまち顧客の減少と社業の衰退を招くことは多くの企業が経験してきたことである。

そこでKPGでは、収益への貢献度を基準にした「年俸制」の人事評価システムをいち早く導入し、個人の能力や資質をよりインセンティブの高いレベルで問うように努力してきたが、今後は個人の資質をさらに伸ばし、能力を十二分に発揮できる環境づくりの一環として、二〇〇四年から「KPGコングロマリット構想」を導入することにした。

コングロマリットとは業種の異なる企業体を統合し、多角的な事業を展開する経営体のことで、この構想を実現することによって、細分化された各事業のパワーアップとネットワーク化を図り、スケールメリットを追求するのがねらいである。

私たちは、この構想を可能なところから推進して「一〇〇億円限界説」を打ち破り、二〇一〇年にはKPG全体の総売上高を三五〇億円程度まで押し上げたいと考えている。

総合エンタテイメント施設への転換

現在、ＫＰＧが全国展開しているレジャーホテルでは、二〇〇三年度に約二四〇万人のお客様に利用していただいた。

この分野の全国統計は明らかでないため、市場性があまり認知されていないが、実際には若年層を中心に利用頻度が高く、外食産業に迫るほどのマーケットを有している。早くからその業態改革に取り組んできたＫＰＧは、性風俗関連産業としての社会的な認知を払拭し、レジャーホテル独自の「進化」を試みてきた。

店舗のコンセプトはいくつかのカテゴリーに分類されるが、その一つは、南国をモチーフにした広大な庭園にリゾートホテル風の建物を配したスタイルが特徴で、一九九四年に大阪府枚方市で第一号店をオープンして以来、人気を博している。

また、一年中いつでもクリスマス気分を味わってもらいたいという思いをこめて作ったホテルも、都心型の小規模店から郊外型の大規模店まで、立地の規模に合わせて展開中である。一九九七年に大阪市中央区日本橋で第一号店が開店して以来、ＫＰＧのヒットブランドとしての地位を確立。この他にもオープンの時期や地域性などをトータルに考慮して、最適な店舗プランを展開している。

今後は従来の成功体験にとらわれることなく、映画や音楽制作など、さまざまなエンタテイメントビジネスで実践されている手法を積極的に活用。これまでに見たことのないような夢のあるホテルを出現させ、シティホテルやディナーレストラン、テーマパークなどで成熟させてきたオペレーションを導入し、「総合エンタテイメント施設」への転換を図りたいと考えている。

起業家精神にあふれる人材を求める

繰り返して言うが、こうした新たな展開を図るうえで最も重要な要素は「人材」で、KPGではスタッフの意識を高めるため、常に〝自分がオーナー経営者だったら、どう思うか〟という問いかけを行いながら、リクルーティングを行ってきた。

その結果、現在のグループ内には独立心旺盛なスタッフが数多く存在するが、さらに教育部門を充実させ、独自の人事考課システムを稼働させることにより、高い資質を持つ人材を短期間に成長させて、「人財」へ発展させる取り組みを実践している。

また、リクルーティングにおいては一従業員ではなく、私たちの事業パートナーとして募集する活動を継続し、起業家精神にあふれた人材を集め、「安定」とインセンティブを複合した人事制度を採用。最終的には運営委託契約に基づき、各店舗の事業パートナー（＝独立オーナー）と業務提携を行うシステムを構築したいと考えている。

「ＫＰＧコングロマリット構想」では、こうして誕生する独立オーナーが、ＫＰＧトップマネジメント・カンパニーとコンサルティング契約を締結。全国展開においては多くの資本家と提携する他、次のようなシステムを駆使して、二〇一〇年に全国で一〇〇店舗のレジャーホテル開業をめざしたいと考えている。

実際に、二〇〇四年にはこれらのシステムによって埼玉、山梨、渋谷、姫路、神戸、岐阜、六甲、東大阪、奈良、和歌山に、ニューコンセプトによる十店舗の出店を果たした。

今後の公共事業と温浴施設、レストラン事業

次に公共事業の分野では、私たちのグループが「官設民営」の事業スキームを生かしながら、地場産業の活性化や雇用促進、高齢者福祉、青少年の健全育成など、公共的な課題を理想的な形で実現。なおかつ高収益を生み出してきたことは、ＣＨＡＰＴＥＲ Ⅰの「伊王島再生プロジェクト」や、ＣＨＡＰＴＥＲ Ⅲの「岸和田いよやかの郷」「るり渓高原リゾート」などの取り組みでお分かりいただけたかと思う。

また、民間の運営受託による温浴施設事業では、公共事業同様、〃他にはないこ

こだけの施設〟を実現し、多くのお客様に喜んでいただけるサービスを提供したいと思っている。

おかげさまで公共事業については、その後も多くの自治体からさまざまな依頼が寄せられているが、従来の開発はいわゆる「ハコもの行政」がほとんどで、行政が一定の施設を建設した後に運営オペレーターを決めていた。そのため、トータルなコンセプトやデザインコントロールが欠如し、事業全体の収支バランスがきわめて悪いことは否めなかった。

そこで、今後はKPGが総合プロデュース企業としての真価を発揮するため、プランニング段階から事業開発に取り組み、マーケティングやデザイニングなどのプロジェクト全体を監修。オペレーションまで一貫して行うスタイルでお引き受けし

唯一無二の施設づくり
ディテールへのこだわりは、施設への愛情の表われ。そして、お客様への真心。

たいと思っている。

そのことによって、施設周辺の商業施設や住居、道路の導線や街路樹、照明器具の位置に至るまで、一つの街全体のトータルデザインコントロールに関与。環境との共生や自然との融合など、現代的な旗印を掲げた新たな形態の街づくりに挑戦したいと思う。

一方、当グループのレストラン事業を代表する「つるとんたん」は二〇〇四年現在、直営店が三店、独立オーナー店が一店あるが、二〇一〇年までに直営店を十店まで増やし、総売上高をさらに増やしたいと考えている。

エピローグ

良い店が発するオーラ

自慢するわけではないが、私は地方へ出張してホテルで一服し、夜の繁華街をリサーチを兼ねて歩いている時、美味しい物を食べさせてくれる良い店を探す特技を持っている。

理由は分からないが、そういう店の前に立つと何らかのパワーやオーラを感じるとしか言いようがない。もちろん、暖簾がピシッとかかってきれいに水が打たれ、さりげなく塩が盛ってあるとか、細かく観察していけば、お客様を気持ちよくさせる工夫は発見できるが、パッと見た時にパワーを感じさせるかどうかがポイントだと思う。一口で言えば入りたくなるかどうかだが、お客様というのは正直なもので、ちゃんとそれを感じる店に入るのではないだろうか。

そういう店をつくるにはお客様の心理分析が必要で、入り口のライティングの配色や建材のマテリアルをはじめ、敷居の高さを何ｃｍにすべきかも考えなければならないが、改築資金がなくて、同じ店構えで商売を続けなければならないとしても、経営者や従業員にパワーやオーラがあれば店を繁盛させることができる。

この場合のパワーは「人間力」といった内容で、たとえばＣＨＡＰＴＥＲ　Ⅰでふれた長崎県の伊王島では、毎日、地元の旬の魚を仕入れるのが重要な仕事である。その場合、漁協の担当者とどういう付き合い方をするかによって、本当に良い魚を回してもらえるかどうか微妙に違ってくるのではないか。こういう部分はあまり表面に出ないし、数値化することはできないが、実はかなり大きいのではないかと思っている。

また、私の観察では「仕事ができる」人には二種類あり、ネガティブな人とポジティブな人に分けられる。あまり賢くなくても自分の職務をよくわきまえ、明るく前向きに努力する人は職場の〝太陽〟となって、みんなを明るくしてくれる。その反対に、頭は切れるがなんとなく陰気で、責任逃ればかりする人は人気がなく、職場の空気を暗く活気のないものにしてしまう。

私が言う「人間力」とはこういうことで、どんな店でもチラッと店内をのぞくだけで、そこがどういう店かおよそのことがわかってしまうのである。

真価とは?

これはレジャー産業に限らず、すべての産業に言えることだが、最近の消費者は、商品やサービスの真の価値を非常に重視するようになってきた。バブル期のように、商品やサービスのブランド力やネームバリューなど、表面的な価値にあまり関心を示さず、本質的な価値にお金を払いたいと思うようになってきたのである。

現に、低価格だけを追求してきたディスカウントストアの業績悪化は著しく、単に価格が安いだけでは消費者に受け入れてもらえない時代が来ている。今後はレジャー産業においても、より質の高い商品やサービスを提供するとともに、その価値に見合ったリーズナブルな価格を設定することがますます重要になってくるだろう。

実際にレストランもホテルも市場は成熟しており、その中でお客様が何を選び、どう組み合わせていくかが最大の関心事になっている。先日読んだ雑誌記事によれば、今世紀の自動車はいずれ「完全オーダーメイド制」が主流となり、顧客の注文に応じて必要なものを取り付け、不要なものは取り外すことになるという。

これと同じ事態はレジャー産業でも生まれており、最近の若いお客様は新しいレストランが開店すると、さっそく店長に「この店のコンセプトは何？」と質問してくる。こうした成熟した市場では、単純なマニュアル・ビジネスやチェーンストア理論だけで事業を成功させることはできない。

では、現代の消費者は何を一番求めているのか？

商品やサービスの真の価値とは何なのか？

最近は、〝癒し〟や〝ハート・ウォーミング〟などの言葉が流行しているが、心安らぐ体験や感動を得られる場所や時間に対する希求が高まっている。従来なら、そこそこのお金を払って満足し、ふつうのサービスを受けたから「まあ、いいや」と言ってもらえたが、これからはそこにプラスアルファの要素として、「感動」のようなものを提供しなければ、お客様に喜んでいただけないのではないか。その感動のレベルもどんどん上がっているので、さらに積極的に追求していきたいと思っている。

要するにサービスの本質は「人間力」であり、レジャー産業のみならず、あらゆる産業においてその人がいかに素晴らしいか、人間性が本気で問われる時代がやって来るのではないか。

たとえば、レストランの食材や調理法は今後もどんどん変わっていくだろうが、私は他人から何が一番美味しいかと聞かれれば、迷うことなく〝家内が握ってくれたおにぎり〟だと答える。

それは塩加減や具の問題ではなく、私におにぎりを作ってくれる家内の心に愛情が加わり、彼女は決してまずいものは出さないし、旨いはずだと思って食べる「安心感」が程よいスパイスとして効いている。その意味で、外食産業では食べる側と食べていただく側の「信頼感」が何より大切で、あらゆるサービスの根底には「真心」がなければならない。繁盛している店に行けば必ず感じる言葉にならないパワーやチームワーク、その本質はこれに尽きるのではないだろうか。

チームパワー

ところでチームワークと言えば、私がどういう人間に物事を託すかという問題と切り離すことができない。

当社のクライアント様がＫＰＧに事業を任せるのは、私という人間に「命綱」を預けることに他ならないが、そんな私が急峻な崖を下りていく時、誰に命綱を預けたいと思うだろうか。

その場合、彼が賢いかどうか、キャリアがあるかどうかなどということは、まったく関係がない。ただもう本能的に「ああ、彼なら私の命を自分の命と同じように思ってくれるだろう」と感じられるかどうかである。

もちろん事業に失敗は付き物で、その腹もくくっておかなければならないが、その時が来たら、「彼が命綱を放すのはよほどのことだから仕方がない」と思って転落していくだろう。

しかし、そんな時でも、「彼の両腕がちぎれて、命綱と一緒に落ちてくるんじゃないか」と思えるような人間に託したい。これが事業をともにする原点であり、私がチームワークの基礎に置いていることである。

もちろん、すべてのスタッフにそこまで要求できるかと言えば、それは無理だが、今のリーダーたちの中にそういう人間が数名いて、彼らが部下を同じように育てているから、現在のような一体感のある組織を作ることができたのだと思う。

今、KPGの多くのスタッフに〝俺がやらなきゃ、誰がやる〟という気概があるのは、上司に命綱を託されていると感じているからである。こういう感性ほど貴重なものはなく、物事に「責任」を負う姿勢はそこから生まれてくる。

これは、私たちが何のために働くかという問題と重なるが、エゴや我欲のためでなく、「当てにされるから働く」という要素は非常に重要だ。人間には食欲や性欲など、さまざまな欲望があるが、家族や友人、部下やクライアント様などから、当てにされる喜びほど高度な欲求はないと思う。

著名な心理学者も言っているが、人間に再起不能な心理的ダメージを与えるのは、憎しみではなく無視することだという。人は他人に無視され、当てにされないことを意識した時、自ら破滅の道を選ぶしかなくなるようだ。

では次に、これからのレジャー産業やプロデューサーに求められているものは何か？　私の直感に反応した次代のスタンダードになるであろう言葉の中から、その代表的なものを近未来キーワードとして書き留めておこう。

近未来キーワード

光から音の時代へ

ヒットメーカーはディティールを制す

リピーターの心をつかむ「変化」

すべての世代に「色文化」の兆し

進化するウェルネスマーケット

ライフスタイルセグメント

バーチャルとアクチュアルの融合

ニューテイストの創造

バランスコントロールテクニック

時代はマイノリティに傾く

右記の近未来キーワードを受けて、近い将来実現されるであろう数々のプロジェクトが私の頭の中をよぎる。

近未来ワークス

PROJECT-Make Culture with Hotel

たとえば、ニューヨークやロンドン、パリなど成熟した都市が頑に守り続けている、匂い立つような存在感を示す“文化としてのホテル”。

ファッション、カルチャー、アート……。日本が世界に誇る情報都市、東京。しかし、残念ながら東京にはそのようなホテルは存在しない。

プロジェクトの着眼点は、そこにある。

現在取り組んでいるのが、今までとはまったく違う角度からシティホテルを見つめ直し、“何が顧客に求められているのか”“何を顧客にプレゼンテーションしなければならないのか”という課題をクリアすること。

東京を立地として想定した場合、世界の成熟した都市にあるホテルに決して劣ることのないホテルの姿が浮かびあがる。

複合型施設であること。

景観にとけ込むデザインであること。

包み込まれるようなホスピタリティが根底にあること。

PROJECT-Post Japan

スーパーシティホテルという“文化としてのホテル”を創造するイメージワークは、すでに最終段階に入っている。

スーパーシティホテルという新しさを求めたプロジェクトとは表裏をなす思考により、旧き佳き日本を感じさせる高級小規模旅館が持つキーワードと、現代人が欲する、音楽に対する感覚とか寝室のあり方など、新しさと旧さとが絶妙のバランスで融合したカタチを探っている。

これを確立するかしないかが、プロデュースの成功を左右するのである。

PROJECT-Sound Laboratory

また、音楽をキーワードとしたカラオケボックスなどの業態や、“場”をご利用いただくという貸し会議場などの施設も、機能や現代感覚とのフィット感では、まだまだ成熟の領域に達していない。

プラスアルファが必要である。

PROJECT-Public Stock Offering

構想はまだまだある。トータルデザインから構築した、昨今減少低迷している施設の代表である遊園地の再生プラン。夢のある事業として、そのプロデュースはレジャーエンタテインメントの究極に迫る。

このようにスケールパワーを見せる私の事業計画の中で、最近よく株式公開をおすすめいただくことがある。若い経営者の中には使命としてこれを捉え、懸命に突き進まれる方も多い。大きな選択肢として私も視野に入れているが、株式公開による出店増加傾向がマイナスに働き、現状の店舗クオリティを低下させてしまうことだけは避けなければならない。やはり、私の事業の特性というか、持ち味である中規模企業との密接なビジネスコネクションを保ち、大企業へのアプローチも行っていくというビジネススタンスが適切であり、私の使命だと心掛けている。原理原則を守り、フレキシブル & アグレッシブルに……。

Postscript

最近、感謝という言葉をよく想い浮かべる。

父の急逝により、二十二歳で事業を受け継ぎ、ただがむしゃらに取り組み突っ走ってきた。

その時々で私の支えになってくれたスタッフや、心からの助言と計り知れない支援をくださった諸先輩方。

スタッフと同様に、同じ想いで協力を惜しまなかったお取引先様の数々。その総意が実を結び、現在のような企業として成長したのです。今日までの様々なビジネスシーンをあらゆる面から支え、本書に著されたプランにおいても万全のサポートをみせてくれたすべてのスタッフ。業務を委ね、私はその過程を見守っているだけで成功の二文字を常に勝ち取ってくれる。私は、信頼することの重要性を知っている。

信頼といえば、こういう出来事があった。

ひとつのプロデュースをお引き受けさせていただき、全身全霊を注ぎ込み運営も軌道にのった時、そのクライアント様から知人を紹介したいとのお声をいただいた。先方へのプレゼンテーションも半ばに達した時に、全ておまかせするからすぐにでも実行してくださいとのお言葉をいただいた。

これらの出来事は、私の発する〝気〟を信頼していただいた表れの一言に尽きる。

気の信頼感。これが、次の仕事、次のプロデュースを生み出してくれているのも、ありがたいことだ。

一時代前の経営スタイルのように思える〝信頼〟〝義〟〝心意気〟〝真心〟などの言葉も、私自身が身ぐるみ脱ぎ捨て、すべてをさらけ出し心からの声を相手に伝えれば、現代の経営においても決っして置き去りにできない言葉なのです。

人の暮らしが変わり、文明がいくら進化しようとも、心の動きや感じ方は不変であると私は信じたい。

心からの想いには、心から応えていきたい。

昼夜を問わず必死の形相で仕事に取り組んでいる姿や、お店を少しでも良くしようと四六時中悩み抜いている姿。そんなスタッフの姿を見ると、ともに仕事をしている充実感を感じ、同じ時間を、ともに仕事という枠組の中に居ることに、何ものにも代え難い幸福感を感じる。

私も、一員としてチームの中に居ることの〝うれしさ〟〝ありがたさ〟を忘れることなく、クライアント様やご来店いただいているお客様に、常に感謝の念を抱いている。

仕事に対する想いの本幹はここに在る。

私も、ふと気付くと四〇歳を迎えようとしている。

事業を父から譲り受けて、早十八年を数えるのである。

今までに、受けた恩義や真心。そして、信頼の下、私とともに歩んできてくれたスタッフや今日の私たちが先人のお陰で成り立っていることへの感謝を具現化したモニュメントを〝感謝の碑〟として、高野山に建立した。全てに感謝を持ち、未来へ進んでいく姿勢を常に忘れずにいようという意志を込めて……。

少し、長くなりましたが、私の根っこに流れる〝想い〟から、事業を成功に導く発想や視点が存在していることをご説明し、ごあいさつに代えることとしました。

私もなお一層の精進努力をいたします。

最後に、この本を御購入いただいた方々にも御礼申し上げます。

全ての皆様の幸福を祈念して。

カトープレジャーグループ
代表取締役　加藤　友康

SPECIAL THANKS

KATO INSTITUTE OF GENERAL DEVELOPMENT: SEIZABURO KATO
DEVELOPMENT SECTION: HIROSHI ASO
WELLNESS SECTION: HIROMITSU MIYATA
ACCOUNT SECTION: HIDEAKI UESUMI
HOTELS SECTION: YASUTO NAKANISHI
PLANNING SECTION: TOMOO FUKUSHIMA
SESSION ONE INC: RYUICHI AOKI
PRESIDENT'S OFFICE SECTION: SAWAKI AOTO

IYOYAKA PROJECT: TAKAYUKI MAEDA
RURIKEI PROJECT: KAZUYA ICHIKI
URARAKA PROJECT: SHINJI MATSUMOTO
TSURUTONTAN PROJECT: ICHIRO MUKAI
IOUJIMA PROJECT: TAKAHIKO KAWAMOTO

DOCUMENT WRITER: YUTAKA SAKURAI
PHOTO ATELIER TSUJI: BUNSAKU TSUJI
H･K.C.P.O: HIROFUMI KAMIKUBO
GENSYU SHUPPANSHA: MASASHI HAMA

KATO PLEASURE GROUP

ALL STAFF
ALL CONNECTION
ALL CLIENTS
ALL CUSTOMERS

カトープレジャーグループ
東京本社
〒151-0051 東京都渋谷区千駄ヶ谷3-5-7
TEL.03-3746-0666 FAX.03-3479-0707
大阪本社
〒543-0051 大阪市天王寺区四天王寺2-1-9
TEL.06-6771-0111 FAX.06-6772-8128
URL http://www.kpg.gr.jp

事業。復活のシナリオ

2005年2月28日 第1刷発行

著　者　加藤友康
発行人　浜　正史
発行所　株式会社　元就出版社
〒171-0022 東京都豊島区南池袋4-20-9
サンロードビル2F-B
TEL.03-3986-7736 FAX.03-3987-2580
振替.00120-3-31078
印刷所　中央精版印刷株式会社
※乱丁本・落丁本はお取り替えいたします。

ISBN4-86106-023-0 C0034